民生财政支出对城乡居民收入差距的影响研究

罗 艳 著

中国财经出版传媒集团

经济科学出版社

Economic Science Press

图书在版编目（CIP）数据

民生财政支出对城乡居民收入差距的影响研究/罗艳著.
—北京：经济科学出版社，2020.8
ISBN 978 – 7 – 5218 – 1778 – 2

Ⅰ.①民…　Ⅱ.①罗…　Ⅲ.①财政支出 – 影响 – 居民
收入 – 收入差距 – 城乡差别 – 研究 – 中国　Ⅳ.①F126.2

中国版本图书馆 CIP 数据核字（2020）第 148512 号

责任编辑：李晓杰
责任校对：刘　昕
责任印制：李　鹏　范　艳

民生财政支出对城乡居民收入差距的影响研究
罗　艳　著
经济科学出版社出版、发行　新华书店经销
社址：北京市海淀区阜成路甲 28 号　邮编：100142
总编部电话：010 – 88191217　发行部电话：010 – 88191522
网址：www. esp. com. cn
电子邮件：esp@ esp. com. cn
天猫网店：经济科学出版社旗舰店
网址：http://jjkxcbs. tmall. com
北京密兴印刷有限公司印装
710 × 1000　16 开　10.75 印张　190000 字
2020 年 10 月第 1 版　2020 年 10 月第 1 次印刷
ISBN 978 – 7 – 5218 – 1778 – 2　定价：52.00 元
（图书出现印装问题，本社负责调换。电话：010 – 88191510）
（版权所有　侵权必究　打击盗版　举报热线：010 – 88191661
QQ：2242791300　营销中心电话：010 – 88191537
电子邮箱：dbts@esp. com. cn）

前　言

　　改革开放以来，随着经济的快速发展，我国城乡居民收入差距呈逐年扩大趋势。关于我国城乡居民收入差距持续扩大的原因，众多学者进行了研究，找到了以下几个因素：人力资本差异、城市化、二元经济结构、经济政策偏向、财政分权等，这为我们进一步挖掘城乡居民收入差距问题的根源打下了基础。近几十年，我国不断扩大了民生财政支出规模，也出台了很多民生类保障措施，然而城乡居民收入差距却仍然居高不下。这值得我们深思，我们亟须找到导致城乡居民收入差距扩大的深层次原因。

　　随着民生问题逐渐成为我国经济发展与深化改革的核心问题，党和政府对民生领域给予了持续关注，并将其作为破解我国经济和社会发展困境的重要手段。教育、医疗卫生、社会保障和就业、收入分配等活动，是现代社会人们正常生活的必备条件。因此，加大农村地区的教育、医疗和社会保障等民生财政支出，能够让更多的农村人口增加收入、摆脱贫困，从而缩小城乡居民收入差距。

　　本书的研究思路如下：首先，通过梳理已有研究成果和相关的基础理论，明确了民生财政支出及收入分配的相关定义、主要内容、支出范围，以及民生财政调节居民收入分配差距的作用机理；其次，对我国城乡居民收入差距的现状和形成原因进行了描述和分析，并从规模、结构等角度考察了我国民生财政支出的现实情况；再其次，通过三个实证模型，分析了民生财政支出规模、结构和民生财政支出分权等对城乡居民收入差距的影响；最后，根据实证结果提出相应的政策建议。主要研究内容如下：

　　一是城乡居民收入差距与民生财政支出现状分析。①城乡居民收入差距现状部分：首先，介绍了我国居民收入分配差距的总体特征；其次，对我国城乡居民的收入水平进行了比较分析，从城乡居民内部、不同发展时期、不同区域、消费视角等四个方面进行了分析；最后，指出教育、医疗卫生、社会保障支出不平等是导致我国城乡居民收入差距形成的主要原因。②民生财政支出现状部分：首先，分别从民生财政支出的规模和结构的角度来进行描述；其次，分别对中央民生支出和地方民生支出结构进行了比较和分析。

二是民生财政支出规模对城乡居民收入差距影响的理论模型构建与实证检验。首先，参考政府支出内生经济增长模型，构建了包含政府民生财政支出变量在内的城市与农村两部门规模报酬不变的生产函数，由于城市和农村部门产出弹性存在差异，导致财政支出更多倾向城市，从而扩大了城乡居民收入差距；其次，采用时间序列 VAR 方法实证检验了 1989～2015 年我国民生财政支出规模与城乡居民收入差距之间的关系；最后，采用 2002～2015 年我国 31 个省份的面板数据，运用动态面板模型和空间面板模型实证分析了我国民生财政支出规模对我国城乡居民收入差距的影响。研究发现：民生财政支出规模对城乡居民收入差距的影响存在积极作用，且这种效应存在一定的滞后效应、累积效应和地区异质性；此外，我们还发现省域之间的城乡居民收入差距存在空间集聚特征，正向溢出效应明显，且民生财政支出活动还会对周边邻近地区产生间接的溢出作用。

三是关于民生财政支出结构对城乡居民收入差距的影响分析。首先，采用时间序列 VAR 方法实证检验了 1991～2015 年全国民生财政支出结构与城乡居民收入差距之间的关系；其次，采用动态面板模型和空间面板模型实证分析了 2002～2015 年我国 31 个省份民生财政支出结构对我国城乡居民收入差距的影响；最后，采用动态面板模型和门槛回归模型实证分析了 2002～2015 年我国 31 个省份民生财政支出分权以及内部三种支出事项分权对我国城乡居民收入差距的非线性影响。研究发现：首先，从全国层面来看，我国民生支出结构与城乡居民收入差距之间存在长期均衡稳定的关系。其中教育支出和医疗卫生支出有助于缩小我国城乡居民收入差距，社会保障和就业支出不仅没有起到正面效应，反而扩大了城乡居民收入差距；其次，从省际层面来看，教育支出、社会保障和就业支出对缩小城乡居民收入差距起到显著的促进作用，而医疗卫生支出的作用并不显著，且这种作用存在地区异质性。最后，民生财政支出分权在整体上是有利于缩小收入差距，且存在门槛效应。

四是关于缩小城乡居民收入差距的财政政策建议。应该从适度扩大民生财政投入规模、优化民生财政支出结构、健全财政体制以及完善相关配套机制四个方面来缩小我国城乡居民收入差距。

罗　艳

2020 年 8 月

目 录 Contents

导　　论

一、选题背景和意义

收入分配问题一直是当今社会关注的焦点问题，也是重大的政治和经济问题，受到了社会各界的高度关注。财富的创造推动了人类社会发展，而财富的公平分配对缩小收入分配差距、促进社会和谐发展具有至关重要的作用。由于我国长期以来城市发展优先的经济政策，教育和大部分公共品供给都具有城市倾斜性，造成了显著的城乡二元性结构。从区域来看，我国民生财政支出规模和结构在东、中、西部地区间也存在明显的差异。这些具有城市偏向性的经济政策恶化了我国的收入分配状况。近年来，国家出台了很多与民生相关的政策，用于支持教育、医疗、社会保障和就业等公共支出和服务的发展，试图通过加强民生建设来改善我国的收入分配状况，充分发挥民生财政支出的收入分配调节功能。研究民生支出对城乡居民收入差距的影响，有助于提高民生财政支出效率，提升民生财政支出的使用效果。

根据收入分配的经典理论，为了达到收入公平分配的效果，实现社会福利最大化目标，往往需要政府利用财政手段进行干预。具体来讲，就是让富者缴纳更多的税收，以形成财政收入，然后再通过各种财政支出项目直接或间接地转移到贫者手中。这就要求在转移的过程中，确定科学合理的财政支出规模和结构，实现民生财政支出的收入分配效应最大化。我国地域广阔、民族众多、人口规模庞大，区域差异较大，解决居民收入分配的不公问题就显得更为急迫和重要。市场经济的效率优先原则必然会产生收入分配不平等的问题，这就需要政府实施宏观调控政策，积极地参与到收入再分配过程中，利用财政手段改善收入分配不平等的状况，作为财政支出的重要组成部分，民生财政支出应当发挥其重要作用。通过实证分析我国民生财政支出规模对城乡居民收入差距产生怎样的影响？民生财政支出结构如何配置才能最大限度缩小城乡居民收入差距？民生财政支出分权程度多高才是缩小城乡居民收入差距的最优区间？应该采取什么样的财政政策措施提高城乡居民的整体收入，缩小城乡居民收入差距？解决这些问题对实现"缩小城乡居民收入差距，实现社会公平"的宏观目标具有重要的理论意义和现实意义。

二、文献综述

（一）城乡居民收入差距的影响因素研究

改革开放以来，造成我国居民总体收入差距的主要原因是城乡居民收入差距，这是众多学者通过研究后得出的一致结论。陈宗胜和周云波（2002）的研究结果表明，在 1988～1999 年 12 年间，城乡居民收入差距对总体收入差距的贡献率超过了一半，因此，他们得出了城乡居民收入差距是造成全国总体收入差距的主要原因，同时也是促使其增长的主要力量。李实和岳希明（2004）分别对1995 年和 2002 年的城乡居民收入差距以及地区间的收入差距进行了估算，两者对总体收入差距的贡献率，前者为36%，7 年之后，后者上升到43%。胡晶晶和曾国安（2011）的实证结果显示，对我国总体收入差距影响最大的始终是城乡居民收入差距，1987～2009 年表现得尤为明显，长期呈上升趋势，同时还计算出了其贡献率，年均贡献率约为67%。罗楚亮（2017）对 2007～2013 年的城乡居民收入差距变化及其对总体收入差距的影响进行研究，结果显示，城乡居民收入分配差距对总体收入差距的解释率最高，尽管对教育、地区及家庭等变量进行了控制，导致总体收入差距的最核心因素仍是城乡居民收入差距。因此，想要解决全国收入的差距问题，最关键是先解决城乡居民收入差距。接下来，对影响城乡居民收入差距的主要因素进行梳理和总结。

1. 二元经济结构对城乡居民收入差距的影响

美国著名的经济学家刘易斯（Arther Lewis，1954）发表了《劳动无限供给下的经济发展》，其核心内容是经济发展及其结构转型，尤其是发展中国家的经济发展问题，并在文中明确提出了二元经济理论。长期以来，我国存在二元经济结构，使城乡居民收入差距长期存在。陈宗胜（1991，2002）分别从理论和实证上论证了二元经济结构这个因素对于城乡居民收入差距的重要性，指出农业部门在我国具有传统性，其在二元经济结构中处于较低地位，短时间内很难摆脱这种不利地位，进而导致城乡居民收入差距难以缩小，计量分析的结果显示，在城乡居民收入差距中，二元经济结构贡献的部分占了近六成。李实和岳希明（2003）

研究发现，虽然在所有发展中国家中，二元经济结构是一种非常普遍的经济现象，但是我国的情况最为特别，因为我国的二元经济结构始于新中国成立，并且其地位在改革开放后不断得到强化，造成较大的城乡居民收入差距。周端明和刘军明（2009）通过把农业及其相关价格指数作为变量来进行实证检验，验证了二元经济结构对我国城乡居民收入差距的重要影响，并且认为要解决这个问题，关键因素有两点：最重要的因素则是转变二元经济结构，另一个因素是提高农业对非农业部门的相对劳动生产率。胡晶晶（2013）对我国二元经济结构及其对城乡居民收入差距的影响进行了研究，运用 1986～2010 年的数据进行实证分析后发现，两者确实存在显著相关关系，并且存在双向格兰杰因果的正相关关系。她认为二元经济结构对各区域城乡居民收入差距的影响是截然不同的，对西部地区城乡居民收入差距的影响最大，其次是东部地区和中部地区。李亮（2014）通过建立 1981～2010 年湖北省的时间序列模型，分别从产业结构和二元经济结构这两个方面研究了其对城乡居民收入差距的影响，结果显示：产业结构的升级反而会拉大城乡居民收入差距；合理的产业结构和比较弱的二元经济结构相结合才能使城乡居民收入差距变小。程时雄和柳剑平（2014）以公共选择学派的利益集团理论为框架，构建了一个封闭的二元经济模型，在这个模型中，利益集团通过各种路径作用于城乡居民收入差距，对于城乡居民收入差距的形成，城乡利益集团的力量产生了重要的影响。城市利益集团的力量越大，城乡居民收入差距越大，反之则反。

2. 城市偏向政策对城乡居民收入差距的影响

蔡昉和杨涛（2000）研究指出，政府应该改变城市偏向政策和制度，提高资源配置效率，从各时期实行的制度和政策来分析当期的城乡居民收入差距所产生的原因，发现以改革开放作为分水岭，改革开放之前，各种传统的城市优先发展政策和偏向性的制度是主要原因；改革开放之后，主要原因里面加入了城市集团的压力。马晓河（2003）提出，由于金融政策向城市偏斜，这样"嫌贫爱富"的政策使得银行很少放贷给农民，资金的缺乏使农民失去了发展机遇和增加收入的可能性。陆铭和陈钊（2004）通过对 1987～2004 年的省级面板数据进行实证检验，认为在导致我国城乡居民收入差距持续扩大的原因中，地方政府在经济上实行的城市偏向政策是最主要的原因。余新民（2007）认为城市偏向型政策在不断恶化城乡居民收入差距的同时，也使城乡经济格局持续恶化，其原因在于城乡居民拥有不同的博弈驱动力和博弈能力。官永彬（2010）提出城乡居民收入差距扩大化的原因有很多，其中最主要的原因就是城乡要素积累上的差距，在此基础上，政府供给的城市倾斜性进一步恶化了城乡居民收入差距。周世军和周勤

（2011）通过构建相关计量模型进行分析后认为，由于长期以来的城市偏向政策逐渐改变了我国城乡居民收入的构成，城乡居民收入分别向非劳动收入和劳动收入偏移，从而使城乡居民在非劳动收入上尤其是在转移性收入上的差距也变大，并直接导致了我国城乡收入差距的明显扩大。迟诚（2015）根据城乡居民收入来源的不同对其基尼系数进行了计算，结果表明，工资性收入和转移性收入对城乡居民收入差距的影响是最大的；基于灰色关联的实证检验则可以清晰看出，城乡居民收入差距不断扩大的主要原因在于政府在经济政策上的城市倾斜性。

3. 城市化水平对城乡居民收入差距的影响

陈斌开和林毅夫（2010）在静态和动态两种框架分析下，论证了一个国家若优先发展重工业，则城市化水平会越来越低，城乡居民在工资上的差异将越来越大。周少甫等（2010）对我国 1993～2007 年城乡居民收入差距进行了研究，结果表明，城市化水平对城乡居民收入差距的门槛效应非常显著，这个门槛值为 0.46，当城市化水平高于这个门槛值时，随着城市化水平的不断提高，城乡居民收入差距会明显地缩小；当城市化水平低于这个门槛值时，则出现相反的效果。李宪印（2011）通过构建相关的回归模型，对 1978～2009 年我国的城市化、经济增长与城乡居民收入差距这三者之间的关系进行实证分析后发现，城乡居民收入差距扩大可以提高城市化水平，反之，城市化水平的变化则会长期影响城乡居民收入差距。刘锐君（2011）运用 1996～2009 年的面板数据，实证分析了人力资本、城市化进程、财政政策等因素对我国城乡居民收入差距产生的影响，结果显示，对城乡居民收入差距产生影响最大的两个因素是城市化进程和物质资产积累的程度。兀晶和卢海霞（2015）以劳动力流动理论为指导，在此基础上建立模型来分析城镇化和城市偏向这两个因素对城乡居民收入差距产生影响的路径，利用 2000～2011 年我国省级面板数据对城镇化、城市偏向影响城乡居民收入差距的效应进行实证检验，发现东部和中部的城镇化率与城乡居民收入差距呈负相关关系，西部地区两者呈正相关关系。加强对农村教育、公共设施等方面的投资、促进农产品出口、政府引导社会资本投资农村建设等可以缩小城乡居民收入差距。李子叶等（2016）认为我国的城市化进程随着加入 WTO 而加速，其对城乡居民收入差距的影响呈倒"U"形趋势，即先上升后下降；近几年，我国经济进入新常态，城市化进程对城乡居民收入差距所产生的负面影响越来越小，但它依然是其中的一个因素。徐家鹏和孙养学（2017）利用我国 1998～2014 年 30 个省级面板数据进行空间计量分析，以期获得在城乡居民收入差距的影响因素中城市化进程的解释份额，发现所有省级区域的城乡居民收入差距具有显著的空间相关性，本省区城乡居民收入差距的扩大受到临近省区城市化进程的显著抑制。

4. 公共品供给对城乡居民收入差距的影响

刘乐山和何炼成（2005）提出公共品在城市和农村的供给不一致，这是引致城乡居民收入差距的重要因素，公共品的供给会直接影响居民的生活水平、生产效率等，因此会通过这些途径间接地对城乡居民收入差距产生影响，城乡居民收入差距与城乡公共品供给差距呈正相关关系。张秀生等（2007）认为我国农村居民的收入增长较为缓慢，其中一个比较重要的原因便是公共品供给不足。当前我国农村公共品供给制度还存在很多缺陷，需要制度和体制的改革，从而促进中国农民收入的增长。白英琴（2014）通过建立两部门经济模型，分别从理论上和实证上对城乡公共品供给差别和收入差距的关系进行了剖析，发现民生支出和保障类公共品的城乡供给差异恶化了城乡居民收入差距，即供给差异越大，收入差距越大，反之则反。黄文义（2016）提出在中国现行的财政分权体制下，地方政府提供的公共品结构具有扭曲性，从两条路径对城乡居民收入差距产生影响：一是大量供给旨在发展地方经济和增加地方税收的经济性公共品对非经济性公共品的"扭曲"，通过市场传导间接加剧了城乡居民收入差距；二是公共品供给中城市对农村的"扭曲"直接拉大了城乡居民收入差距。他利用 1994～2012 年省级面板数据进行实证研究，表明公共品供给的扭曲确实会在一定程度上加剧城乡居民收入差距。肖育才（2017）认为中国式的财政分权体制对地方政府行为有着政治和财政的双重激励，即公共品供给不仅具有经济性，而且还存在城镇偏向性，城乡居民的基本权利因此受到影响，城乡居民收入差距来源于初次分配和再次分配这两个环节。

5. 财政支出分权对城乡居民收入差距的影响

在各个国家进行财政分权改革的实践中，催生了丰富的分权理论，西方学者在这方面的研究较早且比较深入，研究的内容也较广泛。近年来，国内学者们在这方面也做了大量研究，创新性地将财政分权与其他内容相结合，但将财政分权与政府公共品供给、财政支出效率和金融发展等结合研究的文献比较多，鲜有学者将财政分权与城乡居民收入差距相结合来进行研究。

（二）财政支出影响城乡居民收入差距的研究

财政支出到底会对城乡居民的收入差距产生什么样的影响？是恶化了收入分配状况，还是会使城乡居民收入差距缩小呢？无论是从财政支出规模的角度，还是财政支出结构的角度，均有很多学者进行了相关研究。孟勇（2009）认为财政支出对于地区经济发展而言，是有促进作用的，但是对于不同的地区会产生不同的影响，对发达地区比落后地区的促进作用更明显，因此财政支出会使地区间的收入差距扩大化。同时，财政支出对促进不同居民的收入增加的作用也不相同，对农村居民收入的增加明显不利，这就相当于间接地扩大了城乡居民的收入差距。莫亚琳和张志超（2011）两次利用全国不同时间段的省际面板数据，分析了政府财政支出对社会收入分配的影响，实证结果均显示，政府财政支出的增加会提高全国居民收入的基尼系数，基尼系数是衡量收入差距的重要指标，也就是说，财政支出与收入分配差距呈正相关关系，支出增加，差距扩大，收入分配的公平性遭到破坏。金双华（2006）分别从规模和结构的角度分析了其对社会公平性的影响，在财政支出结构中，福利性支出对基尼系数的影响较大，此项支出的增加能够使基尼系数变小，且对其本身的影响要比其他项支出明显。在民生类财政支出中，有两项支出的增加能够有效地缩小基尼系数，进而促进全社会的公平，这两项支出分别是教育支出和医疗卫生支出。刘成奎和王朝才（2008）研究了财政支出结构对社会平等性所产生的影响，实证结果显示，不同的财政支出项目对城乡居民收入差距的作用是不同的，增加科教文卫类支出可以使城乡居民收入差距变小，相反，增加国防和行政管理类支出则会起反作用，不利于缩小城乡居民收入差距。蔡忠雁和王芬（2009）通过进行聚类分析和计量检验，也得出了相同的结论，支持增加科教文卫支出可以缩小收入差距的观点，同时他们还认为增加财政支农支出也是能够缩小城乡居民收入差距的，增加社会保障类支出则会恶化城乡居民收入差距。王艺明和蔡翔（2010）在赞同以上两篇文章部分观点的同时，认为研究财政支出结构对城乡居民收入差距的影响，既要考虑全国的普遍性，也要考虑我国各地区的特殊性。因此要具体问题具体分析，在对全国范围进行分析后，还要对东部、中部和西部三大区域进行考察，分析其差异性。邓旋（2011）提出由于我国的收入分配机制具有"城市偏向"性，大部分的财政支出都具备这个特性，其扩大了城乡居民收入差距。比如公共安全类支出、社会保障类支出，就具有明显的偏向性，农村居民受益较少，因此加剧了城乡居民收入差距。具体分析后发现，农林水务类支出主要使农村居民受益，因此有利于改善城乡居民收入差距。

陈安平和杜金沛（2010）认为财政分权对于城乡居民收入差距来说是一个非常重要的因素，因为它关系到中央和地方政府之间的财政关系，中央政府和地方政府对于财政支出的期望不同，财政支出结构自然不同，因而其对城乡居民收入差距的影响效果也会产生明显的差异。在我国现存的财政分权制度下，地方政府通常更加愿意把钱投入基础建设，从而导致城乡居民收入差距的扩大。雷根强和蔡翔（2012）为了摸清初次分配和再分配政策对城乡居民收入差距的影响，运用各种相关的广义矩方法进行了实证检验，研究表明，初次分配中劳动报酬比例下降以及再分配政策的城市倾斜性这两个方面导致了城乡居民收入差距的恶化。张义博和刘文忻（2012）认为人口的流动和财政支出都会对城乡居民收入差距产生影响，因此他们把这两者结合起来，首先从理论上研究其与城乡居民收入差距的关系，其次通过调查得来的省级微观数据，实证检验了先前的理论推断。最后得出结论：无论是城市化进程的加速，还是城市农民工的增加，对城乡居民收入差距的影响都比较小；相反，具有明显城市偏向的一些财政支出，比如科教文卫支出和转移支付，则会使城乡居民收入差距明显扩大。唐秋兰（2014）指出财政支出会对城乡居民的收入产生直接性的影响，但是具体的各项支出的作用力度不同，对城镇居民和农村居民收入所造成的影响也不尽相同。孙文杰和薛幸（2016）认为财政支出是具有空间溢出效应的，并在此前提下，从政府竞争的视角，运用理论模型考察了财政支出对城乡居民收入差距的影响路径，从模型可以看出，随着空间溢出效应的不同，泰尔指数与财政支出之间的关系也会随之发生变化，当前者为正时，二者的关系呈倒"U"形，反之则反，且边际效应也会随之发生一定的变化。区域层面的空间计量分析表明，东中西部地区不同城镇化阶段下政府间的竞争对各项财政支出具有差异化的空间溢出效应，且对各地区来说，这种影响在方向上和程度上是不一样的。陈工和何鹏飞（2016）利用中国27个省级面板数据，通过构建相关模型，从民生支出规模和各项支出结构上的分权视角，验证了其对城乡居民收入差距的作用力度，研究结果显示，总体上的民生财政支出分权能够起到缩小城乡居民收入差距的作用，具体到各事项的支出分权，则影响效果各不同，教育支出分权会恶化城乡居民收入差距，医疗卫生支出分权和社会保障支出分权则对城乡居民收入差距能够起到缓和作用。董黎明和满青龙（2017）研究了地方政府财政支出与城乡居民收入差距之间的内在联系，研究结果显示提高保障性财政支出比例和扩大地方政府财政支出总体规模能够缓和城乡居民收入差距，投资性财政支出的增加则会恶化城乡居民收入差距；门槛回归结果表明，这三种财政支出规模的门槛变量对城乡居民收入差距存在门槛效应。

（三）民生财政支出影响城乡居民收入差距的研究

在民生支出中所占比例最大的科目是教育支出、社会保障支出和医疗卫生支出，三者之和占民生支出比例达到65%左右。国内众多学者分别在这三个方面作了研究。

1. 教育支出与城乡居民收入差距

（1）教育支出影响城乡居民收入差距的理论研究。

明瑟（Mincer，1974）和贝克尔（Becker，1975）通过人力资本模型分析收入平等性问题，接受教育的程度不同，所获得的收入会存在差异，一个国家的居民享受教育的机会越不平等，则收入差距会越大；教育资源的分布情况也会对收入平等性产生影响，但如果仅从教育的平均程度来看，其对收入平等性的影响是无法确定的。奈特（Knight，1983）提出，教育本身会产生各种效应，其中最突出的主要有结构性效应和工资性效应，二者会对收入分配差距产生较为复杂的影响，路径上主要通过其在二元经济中所形成的人力资本积累，随着高学历人数的增加，结构性效应对收入不平等性的影响会由最初的正向转为负向；当高学历劳动力占比提升，工资自然会被压缩，收入差距得以缩小。伊斯特利（Easterly，1993）和西尔维斯特（Sylwester，1999）的研究虽然时间间隔较长，但是得出的结论类似，他们一致认为很多国家的收入差距较大，但是他们坚信教育投资可以缩小收入分配上的差距，因此愿意花更多的钱在教育上。法尔（Farre，2000）从理论上证明了影响收入差距最基本的要素是教育，教育不仅与收入呈正相关关系，同时还具有扩展性，这种扩展性使更多人得到了系统培训的机会，从而增加了收入，减少了收入不平等。西尔维斯特（2002）使用跨国样本数据进行比较研究，主要考察了教育支出对收入平等性的影响，发现对于经合组织国家来说，教育支出与收入差距程度是高度相关的。钱智勇（2010）从教育的经济价值视角，考察了教育是如何起到增加个人收入作用的，结论是教育培养价值观的功能最终决定了受教育者的收入水平，学校授予的知识和技能只是降低了劳动组织的在职培训成本，并不能直接提高其生产效率。郭琦（2011）通过建立模型，首先从私人教育支出和国家公共教育支出视角，理论上探讨了城乡居民收入差距的影响因素。其次将这三者纳入同一范畴，实证检验了城乡居民私人教育投资与国家公共教育对城乡居民收入差距所起的作用，得出结论：城乡居民私人教育投资差距与收入差距呈正相关关系；政府公共教育支出的增加则会缓和城乡居民收入差距。梁凯膺（2013）认为我国的城乡教育支出非常不均衡，这是导致城乡居民收入差距扩大的主因。吕炜等（2015）通过扩展盖勒和斯利亚的经济模型，在原有模型基础上增加了城乡二元结构和政府行为，阐明了城乡教育不平等和城乡居民收入差距是可以通过政府实施农村偏向的教育支出政策加以纠正。

（2）教育支出影响城乡居民收入差距的实证研究。

贝克尔和奇斯威克（Becker & Chiswick，1966）运用美国教育支出的相关数据进行实证检验，并得到了几点结论：教育投资的公平程度跟收入平等性高度正相关；居民的平均受教育程度与收入平等性呈负相关关系。奇斯威克（Chiswick，1971）也验证了这个观点，即教育不公平程度的加剧会恶化收入不平等。廷伯根（Tinbergen，1972）选取三个不同国家作为样本进行研究，通过对相关数据进行分析后，认为无论是对于美国、加拿大还是荷兰来说，教育水平的提高是有利于缩小收入分配差距的，教育的公平性也显得非常重要。帕克（Park，1996）从规模和公平性角度考察了教育对收入差距的影响，近 60 个国家和地区的数据证实：教育会从两个方面影响收入分配，其一是居民的受教育水平，其二是受教育机会的集中程度，前者的提高明显有利于收入分配的公平，后者值越高，则对收入分配产生的正面影响越大。格雷戈菲奥和李（Gregofio & Lee，2002）通过收集百余个国家和地区的数据，并对其进行比较分析后，得出结论：要想改善一个国家和地区的收入分配状况，可以在教育上下工夫，因为这是一个非常关键的影响因素。白雪梅（2004）运用改革开放后一个时间段的数据，实证研究了教育与收入分配公平性问题，提出：我国收入不平等程度的加深可能是由平均受教育年限引起的；教育是一个固定的影响因素，长期影响着收入的平等性；教育本身也会存在不平等问题，这会对收入平等性产生负面的影响。郭丛斌和侯华伟（2005）以我国 29 个省份为研究对象，运用国家统计局 2000 年的相关调查数据，首先分析了教育规模扩展对收入分配状况的影响，其次从教育机会视角讨论了它的影响力。两者均呈现高度相关，但影响的路径和方向却是完全相反的，前者起的是正面作用，而教育机会不均等所起的是负面作用。阿尼尔·杜曼（Anil Duman，2008）运用土耳其 20 世纪 60 年代以来的相关数据，实证分析了教育对其收入分配状况的影响，结论是教育对收入分配状况高度相关，分教育层次来说，高等教育的正面作用较小，中小学教育的正面作用较大，想要增加正外部性，最好是增加政府对中小学教育的支出，减少私人方面的支出。邱伟华（2008）、杨俊和黄潇（2010）的研究都表明：从长期来看，我国的政府教育支出致使城乡居民收入差距扩大化，究其原因在于支出过程的不公平，干扰了其调节作用的发挥。要发挥教育的正面效应，须慢慢地改善我国的整体教育状况。张伟和陶士贵（2014）在消费者效用最大化基础上，构建了人力资本水平与城乡居民收入差距的理论模型，理论分析表明，由于居民的收入水平在很大程度上是由人力资本决定的，由于城市的人力资本水平比农村要高，所以导致城乡居民收入上的差别，实证检验也与理论分析契合，构成人力资本的几个变量都会恶化城乡居民收入差距。赵婷（2015）以教育体系的层级属性和新结构经济学为根据，认为引致城乡居民收入差距的原因除了教育的城市倾斜性外，还包括一个重要的因素，那就是各层级的教育财政——如基础教育、中等职业教育、高等教育间的配置不合理。李群峰

（2015）采用了较新的实证方法来研究 1995 年以来影响收入平等性的教育类因素，主要考虑了两个方面的效应，一个是要素结构效应，另一个是回报效应。从结果来看，两者所产生的效果是截然相反的，要素结构效应缓解了收入差距，而回报效应拉大了收入差距。但教育的回报效应更大，对收入平等性产生负面影响。易均平（2016）研究了不同结构的公共教育支出对城乡居民收入差距的影响。从理论上对作用机理进行了解析，结果显示，政府教育支出通过人力资本水平间接地作用于城乡居民收入。由于教育支出的结构不同，导致人力资本的水平出现差异，从而形成收入差距。

2. 社会保障支出与城乡居民收入差距

在社会保障与城乡居民收入分配差距之间关系的研究上，也有很多学者得到了不同的结论：刘志英（2006）提出低水平的社会保障转移支付不仅没有缓解我国贫富差距，而且在某方面还会扩大贫富差距。陶纪坤（2008）认为我国是一个典型的"城乡二元社会保障制度"国家，收入和支出两方面同时影响着城乡居民的收入水平，从而直接拉大了城乡居民收入差距，主要体现在：城镇居民获得的财政转移性收入比农村居民高；城镇居民能享受到更完善的社会保障制度，因此城镇居民在这类事务上的实际支出明显要比农村居民少。何立新和佐藤宏（2008）对相关微观数据进行分析，认为我国的城镇社会保障制度在经济、社会各方面都发挥了较大的作用，并着重研究了其在缩小居民收入分配差距方面的效应。总而言之，无论是在降低居民个人的收入差距上，还是从减少贫困家庭数量上，都发挥了不可替代的作用。施晓琳（2009）认为社会保障主要分为两个阶段，第一阶段是资金的汇集，第二阶段是资金的发放，理论上来说，这两个过程都可以对收入分配起到较好的调节作用，但是现实却与理论出现了较大的差异。由于城乡居民从社会保障制度上受益不同，以及制度本身的众多缺陷，这些因素都会导致城乡居民收入差距的扩大。高霖宇（2011）提出，由于社会保障性支出在保障我国低收入人群的基本利益的同时，还可以减少社会上的收入不公平，从而可以起到缩小收入差距的作用，社会保障支出越多，收入差距越小，反之则反。李智（2011）认为城乡二元社会保障制度恶化了城镇和农村之间的收入分配状况，因此，社会保障支出越多，不仅不能改善这种状况，反而会使城乡居民收入差距持续扩大。杨春玲和陈炜雅（2012）认为社会保障制度主要通过转移支付方式，在一定程度上调节市场的初次分配的不公平。随着国家对民生类财政支出的重视，对社会保障方面的支出会不断增加，低收入者一定程度上可以得到更多的补助，使实际收入水平提高，从而缩小与高收入者的收入差距。徐倩和李放（2012）对社会保障类财政支出影响城乡居民收入差距的作用机理进行了分析，并使用 1998～2010 年的省级面板数据进行了实证检验，实证结果跟理论分析保持一致：社会保障类财政支出越多，会使城乡居民收入差距扩大化，其具体的解释变量都与城乡居民收入差距高度正相关。丁煜、朱火云（2013）的实证结果显示，我国的社会保障水平和城乡居民收入差距是具有相关关系的，近年来，对于缩小城乡居民收入差距方面的正向效用已经开始发挥作用，从实证检验来看虽然还不是很显著。但这说明在实践中的社会保障制度，随着农村社会保障制度的全覆盖，我国社会保障制度正向调节城乡居民收入差距的作用开始显现。王莜欣和鲍捷（2013）运用十余年的数据对我国社会保障支出所产生的效应进行分析，认为社会保障支出在调节收入分配上具有一定的作用，但是在缩小城乡居民收入差距方面的效果却不是很好，他们认为其中的原因在于其总体水平比较低；转移支付在调节城镇居民的收入差距上具有正向作用，而在农村地区的作用却不够明显，究其原因是城乡之间转移支付的水平具有高低之分，从而导致城乡居民收入差距的不断扩大。王珺红等（2014）通过在实证模型中引入初次分配状况，研究发现：初次分配环节在根源上具有扭曲收入分配总体格局的特性，所以作为调节手段的社会保障支出会出现"失灵"现象，但随着初次分配状况的改善，社会保障"逆向"分配的现象逐渐改善并最终消失。因此在解决城乡居民收入差距中需要在初次分配和社会保障分配两个环节双管齐下，而且最重要的还是在于初次分配环节，只有初次分配的工作做好了，才能真正发挥出社会保障调节城乡居民收入差距的正向效应。胡金玉（2015）通过对 2007～2013 年我国 31 个省级面板数据的梳理，从数据现状来看，随着我国社会保障支出水平的不断提升，城乡居民收入差距呈现下降趋势，虽然现阶段我国社会保障支出与城乡居民收入差距呈负向关系，但统计结果并不显著。刘婷娜、和军（2015）采用基尼系数的改良指标 G 来衡量城乡居民收入差距，对 1994 年以来的数据实证分析后认为，农村居民的社会保障水平是可以起到调节收入差距作用的，但是这种作用的发挥不是连续性的，而是具有一定的周期性，农村社会保障政策的实施时滞期为 1 年半左右。杨风寿和沈默（2016）认为社会保障水平并不是一直对城乡居民收入差距起负面作用，存在一个从负面到正面的过程，这个过程中会有一些调节路径的转变，调节效应也随之改变，正向调节开始显现的时间点大约是 2007 年。朱德云和董迎迎（2017）借鉴贝克尔理论模型，构建了财政社会保障支出对城乡居民收入差距影响的数理关系，试图探析政府社会保障支出对城乡居民收入差距的影响，结果显示，政府社会保障支出增加，会使城乡居民收入差距也随之扩大，社会保障支出发挥的是一种负面效用。肖育才和余喆杨（2017）认为单纯从理论上考虑，大家都会一致认同社会保障支出对城乡居民收入差距的负相关关系。现实来看，却正好相反，大多数情况呈现的是一种正相关关系，究其原因在于社会保障支出具有一定的城市倾斜性，城镇和农村居民所享受的待遇差别较大。效率评估则进一步说明了中国社会保障支出在缩小城乡居民收入差距方面效率低下。吕承超（2017）研究了社会保障支出规模和结构对城乡居民收入差距的影响，结果显示，考察期内城乡居民收入差距在逐渐变小，并且存在路径依赖性，西部地区的城乡居民收入差距最大，其次是中部地区，城乡居民收入差距最小的是东部发达地区。社会保险支出包含很多方面，他们对城乡居民收入差距所发挥的作用亦不同，其中社会保险支出发挥的是正面效应，而社会优抚支出扩大了城乡居民收入差距，除此之外的其他项目则影响比较小。

3. 医疗卫生支出与城乡居民收入差距

阿玛蒂亚（Amartya，1974）提出医疗卫生支出是可以促进居民收入增长的，原理如下：人力资本是促进收入增长的主要因素，而人力资本的形成离不开一个健康的身体，医疗卫生支出是人民群众拥有健康体魄的重要保障。纽豪斯（Newhouse，1997）从经济合作与发展组织（OECD）中抽取了13个国家作为样本，来分析医疗卫生支出与收入的相关关系，结果显示，居民的收入可以解释绝大部分的医疗卫生支出，具体来说达到了90%以上，因此被认为是国与国之间医疗卫生支出差别的主要因素。古斯塔夫森（Gustafson，2005）认为一个家庭收入的高低跟医疗卫生支出息息相关。具体而言，从总体收入到各项支出，城镇家庭和农村家庭的差异都非常大，对比后发现，当城镇居民家庭收入与农村居民家庭收入相差2倍时，两类家庭的平均医疗支出竟然相差5倍。刘成奎和王朝才（2008）通过对民生类财政支出具体事项进行分析，主要考察其对城镇和农村居民收入以及它们之间差距的影响。由于医疗卫生支出具有特殊的正面效应，在增加人力资本积累上有不可替代的功能，因此此项支出的增加可以有效地缩小城乡居民收入差距。王超（2010）认为医疗卫生支出在作用于城乡居民收入差距时，不但没有发挥出应有的效用，反而恶化了城乡居民收入差距，原因在于城乡居民所享受到的医疗保障待遇差别较大。马智利等（2010）通过对城乡居民收入差距和医疗支出的关系进行理论模型推导，并从理论上证明了两者之间的关系，即城乡居民收入差距的扩大，其中一个原因是城乡医疗卫生支出的差别太大。宫晓霞（2011）认为增加国家财政医疗卫生支出，有利于更新医院设备，提高医疗水平；医疗保障报销了患者的一部分医疗费用，解决"看病贵"的问题；新型农村合作医疗和城镇居民医疗保险政策通过减少人们的看病费用，通过减少医疗消费间接地提升人们的收入，从而减少医疗消费引致形成的收入差距。但是由于医疗卫生支出的总体水平较低，因此到目前为止，还无法通过此项支出来达到直接缩小城乡居民收入差距的目的。杨维忠（2011）提出，即使在城镇和农村投入相同规模的医疗卫生经费，它们所产生的效益也是有差异的，况且医疗卫生支出主要由地方政府负责，地方政府为了追求政绩，导致医疗卫生上的投入相对很少，因此，其在农村所产生的效益更低，不利于城乡居民收入差距的缩小。陈斌开和林毅夫（2013）认为不仅地方政府的总体支出向城市倾斜，其包括在内的医疗卫生支出表现得也很明显，城乡居民收入差距的出现也就不足为奇了。刘吕吉和李桥（2015）从两个方面分析了城乡居民收入差距的影响因素，一个是政府的总体卫生支出水平，另一个是政府卫生支出的城市倾斜性。实证结果显示，从全国层面来看，正是由于这种非平等性扩大了城乡居民收入差距；分地区检验后，此结论仍然成立，且由于各地区卫生支出的城市倾斜性不同，其对城乡居民收入差距所产生的效应大小也有差异；到目前为止，新型农村合作医疗这项制度还没能很好地发挥出其收入分配调节作用。谭薪（2015）以代际公共品作为研究视角，探析了医疗卫生支出的城市偏向对城乡居民收入差距的作用机制，并得出以下结论：城镇地区在公共卫生服务、医疗卫生资源、医疗保障水平上优于农村，总体上看，医疗卫生公共品供给的城乡差距在持续扩大，同时，城乡居民收入差距也在波动中上升；由于医疗卫生公共品存在严重的代际外部性，人力资本差异在此公共品的城市倾斜性下逐渐形成，城乡居民收入差距状况自然恶化。

（四）文献述评

国内外学者对城乡居民收入差距的影响因素、财政支出与收入分配之间的关系已经进行了丰富且较为系统的研究，但是在当前的财政分权背景下，关于民生财政支出对城乡居民收入差距影响效果的研究仍缺乏一个统一的分析框架，目前学术界对不同类型的民生财政支出对城乡居民收入差距的影响上也存在较大的争议。具体来说：

（1）国外对财政支出和收入分配理论方面的研究相对比较充分：首先从理论和机理上分析了国家通过财政支出手段来缩小城乡居民收入差距的必要性；其次，运用多个国家的数据和经验来验证财政参与收入分配的必要性；高度关注收入不平等的问题，并试图通过各种途径去缩小这种不平等；国外学者主要以发达国家作为研究对象，对发展中国家的收入分配问题关注较少，且很少分区域来进行研究；学者们基于不同的前提假设、研究方法、不同的样本和变量得到了并非全部一致的结论。

（2）国内学者对于财政支出和收入分配差距的研究较多，但只是建立在简单的模型之上，缺乏必要的理论基础研究，没能形成系统性的分析。我国关于民生财政支出影响城乡居民收入差距的研究才刚刚起步，现有的文献主要集中在论证这方面影响的存在，还没有开始深入探讨民生财政支出对城乡居民收入差距产生影响的作用机理和传导途径。

（3）目前关于城乡居民收入差距影响因素的研究较多，主要集中在二元经济结构、政策的城市化偏向、公共品供给和城市化进程，正是由于这些因素的存在，导致我国城乡间的经济发展失衡，收入差距扩大化。也有部分学者单独考虑了民生类支出和支农类支出对城乡居民收入差距的影响，得出了一些具有建设性的建议。但是，鲜有学者把民生财政支出分权这个变量考虑进去，无法反映真实的情况。

（4）虽然有些学者已经试图分析财政分权影响城乡居民收入差距的作用机理，但是研究还比较浅显。考虑财政支出因素的研究很多，但是鲜有学者重点、单独地考虑作为特定用途、与城乡居民收入紧密相关的民生财政支出因素。大多数学者一直认为财政支出的城市偏向是一个很重要的影响因素，却没能从理论上做出系统的解释。因此，在我国当前的财政分权背景下研究民生财政支出影响城乡居民收入差距问题，无论是在理论还是实证上，都需要做深入研究，弥补现有学者研究的不足。

对已有研究文献进行梳理，发现当前对民生财政支出影响城乡居民收入差距的研究较少且不够全面。本书基于民生财政支出规模、民生财政支出结构以及民生财政支出分权三个视角，探讨民生财政支出对我国城乡居民收入差距的影响，将民生财政支出、收入分配和财政支出分权等有关因素纳入同一个理论分析框架，系统构建了民生财政支出及其分权对城乡居民收入差距的影响机理。首先，通过理论模型和计量分析证明民生财政支出规模、民生财政支出结构（主要包括教育支出、医疗卫生支出、社会保障和就业支出）和民生财政支出分权对我国城乡居民收入及其收入差距的影响存在地区效应和空间效应。其次，从民生财政支出分权角度证明了民生财政支出与城乡居民收入差距之间存在非线性的关系。最后，针对性地提出相关政策建议，以期能够增加我国居民收入、缩小城乡居民收入差距。

三、研究思路和研究方法

（一）研究思路

本书的研究思路如图 0-1 所示。

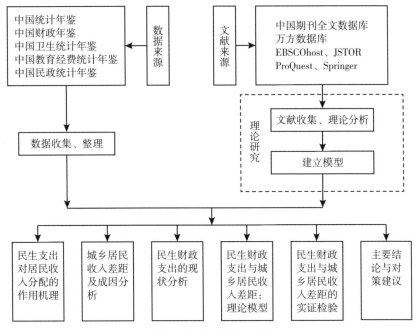

图 0 - 1　本书研究思路

（二）研究方法

1. 规范分析与实证分析相结合

本书采用规范分析与实证分析相结合的方法，从理论研究与实证检验两方面深入分析民生财政支出对城乡居民收入差距的影响。首先运用规范分析方法，对城乡居民收入差距与民生财政支出的相关文献资料进行梳理和归纳，总结出与城乡居民收入差距有关的民生支出理论。其次运用实证分析方法，对我国民生财政支出与城乡居民收入差距间的关系做出全面客观的评价和实证检验，总结规律和经验，探寻今后民生财政支出改革趋势和重点。

2. 历史分析方法

本书从纵向的角度，运用历史分析方法考察了我国城乡居民收入规模、结构及城乡基尼系数的变化进程，增强了研究的现实背景。

3. 计量经济学方法

本书采用省级面板数据进行计量检验，考察民生财政支出对城乡居民收入差距的影响，并采用动态面板模型和空间面板模型分析民生支出规模和结构对城乡居民收入差距的影响。接着，采用面板门槛模型，找到民生财政支出发生结构性变化的门槛值，从两个角度证实了民生财政支出确实可以起到缩小城乡居民收入差距的作用，但是民生财政支出的城市倾向，导致了城乡居民收入差距的进一步扩大。

4. 统计分析

通过查阅文献获取大量的数据和资料；构建民生支出规模、结构以及收入差距的度量与分解等测度方法。

四、研究的主要内容

导论主要阐明了选题背景与研究意义、文献综述、研究思路和研究方法、研究的主要内容、可能的创新点和不足。

第一章，民生财政与收入分配相关理论分析。首先对民生财政的相关概念进行了界定，阐述了民生思想的起源和发展、民生财政支出和收入分配的概念。其次，介绍了财政支出调节居民收入差距的理论基础。最后从教育支出、医疗卫生支出、社会保障和就业支出三个角度来分析民生财政支出调节居民收入分配的传导机制。

第二章，城乡居民收入差距现状及成因分析。首先介绍了我国居民收入分配差距的总体特征，其次对城乡居民的收入水平进行了比较分析，从城乡居民内部、不同发展时期、不同区域和省际、消费视角等四个方面进行了详细的比较，最后，还对城乡居民收入差距的形成原因进行了分析。

第三章，民生财政支出的现状分析。首先，分三个时期来对改革开放以来我国民生财政支出的总体情况进行了介绍。其次，分别从民生财政支出的规模和结构的角度来进行详细分析。最后划分中央和地方政府，分别对其民生财政支出的规模和结构特征进行了分析。

第四章，民生财政支出规模影响城乡居民收入差距的实证分析。本章首先采用时间序列 VAR 方法实证检验了 1989～2015 年我国民生财政支出规模与城乡居民收入差距之间的关系；其次采用 2002～2015 年我国 31 个省级面板数据，运用动态面板模型和空间面板模型实证分析了我国民生财政支出规模对我国城乡居民收入差距的影响。

第五章，民生财政支出结构影响城乡居民收入差距的实证分析。本章首先采用时间序列 VAR 方法实证检验了 1991～2015 年全国民生财政支出结构与城乡居民收入差距之间的关系；其次采用 2002～2015 年我国 31 个省级面板数据，运用动态面板模型和空间面板模型实证分析了我国民生财政支出结构对我国城乡居民收入差距的影响。

第六章，民生财政支出分权影响城乡居民收入差距的实证分析。本章采用 2002～2015 年我国 31 个省级面板数据，运用动态面板模型和门槛回归模型实证分析了我国民生财政支出分权以及内部三种支出事项分权对我国城乡居民收入差距的影响。

第七章，缩小城乡居民收入差距，优化民生财政支出的政策建议。在前面各章理论与实证研究结论的基础上，针对性地提出适合我国国情的政策建议。

五、可能的创新之处和不足

（一）可能的创新之处

本书在梳理已有文献的基础上，分析了民生财政支出对城乡居民收入差距的影响作用，并根据研究结论，结合我国的民生财政支出实际情况，提出了相应的缩小城乡居民收入差距的政策建议。可能的创新之处有以下几个方面：

第一，研究视角的创新。城乡居民收入差距是社会公众关注的焦点问题，而现有大多数文献是从财政支出、财政制度、转移支付、国际贸易等角度展开探讨，鲜有文献从与人民生活直接相关的教育、医疗卫生、社会保障和就业等明显具有再分配功能的民生财政支出来对城乡居民收入差距展开研究。因此，本书的研究丰富了财政支出对城乡居民收入差距的影响研究。

第二，研究方法的创新。现有大多数研究利用线性回归模型来探讨财政支出与收入分配的关系，而忽略了民生财政支出与城乡居民收入差距之间可能存在非线性关系，更忽略了民生支出具有空间溢出效应以及城乡居民收入差距可能存在空间相关性。因此，本书采用门槛回归模型、空间面板模型、动态面板模型等从多角度进行分析，力图使估计结论更具有可靠性和信服力。

第三，研究内容的拓展。首先，实证分析了民生财政支出整体及细分支出分权程度对城乡居民收入差距的影响差异，并进一步探讨了民生财政总体及其细分支出分权程度的最优区间。现有文献大多采用具有整体性的财政分权指标来探讨财政体制对城乡居民收入差距的线性影响，关于非线性影响的研究相对较少，而专门从民生财政支出分权角度展开非线性研究的更是鲜有提及。本书的研究内容将更全面地揭示民生财政支出对城乡居民收入差距的影响，深化人们对两者关系的理解与认识。

（二）存在的不足

由于时间、资料、经费以及研究手段的制约，本书存在一些明显的不足：

一是由于获取数据来源较为困难，同时对计量分析方法应用能力还不够扎实，所以在实证分析中得到的结果的准确性可能有所偏差，尤其是在民生财政支出规模、支出结构的相应数据统计中，年度统计数据的统计口径随着我国统计方法的变化，数据差异较大，所以为了使数据统计口径一致，采用了不同的计算方式最大限度地保障数据一致，但结论难免与其他学者的分析结论存在一定差异。

二是在第六章的实证分析中，尽管已经提出相对严谨的研究假说，但如果能够采用高级宏观经济学理论模型推导出民生财政支出分权与城乡居民收入差距之间的关系，并以此为基础建立计量模型，将使结构显得更为紧凑，所得结论更具说服力。

三是考虑到财政收入活动在居民收入分配调节中的重要作用，要全面考察民生财政支出对城乡居民收入差距的影响，除了支出活动外，还需要从与支出相对应的收入活动视角来考察。受数据资源获取的限制，本书缺少财政因素中收入变量对我国城乡居民收入差距影响的研究，这也是以后需要完善的地方。

第一章

民生财政与收入分配相关理论分析

民生财政是我国民生实践中出现的新生事物，相关理论研究目前尚处于初创阶段。近年来，民生问题已逐渐成为我国经济发展与深化改革的核心问题。当前我国的经济运行由于受到严重的外部冲击而困难重重，这更加激发了我们扩大内需、改善民生问题的诉求。党和政府对民生领域给予了持续关注，并将其作为破解我国经济和社会发展困境的重要手段，因此，在我国改革进程中，民生财政的出现具有其内在的必然性，民生财政的时代正在加速到来。

第一节　相关概念范畴的界定

一、民生概念探讨

（一）中国传统民生理论的发展与演变

1. 儒家的民生思想

中国的民生思想源远流长，孕育于古代的民本思想之中。早在尧舜禹时期，民本思想就已经在中国萌芽。如《尚书·五子之歌》中就讲到："民惟邦本，本固邦宁"，即人民是国家治理的根本。春秋战国时期的大思想家们特别注重"人"所起的作用，因为当时的社会经历着大动荡，诸侯争霸更加突出了"人事"的重要性，同时也意味着民本思想逐渐开始走向成熟。"以人为本"的治国思想最早由管仲提出来，他认为民众是君王管理朝政的根本。

儒家学派对民本思想非常认同，不但对其进行了延续，还使之不断发展，最后慢慢形成了较为系统的一套思想理念，而民生思想作为儒家民本思想的一个重要内容，其核心在于富民与公平。

富民思想是儒家主张的首要治国理念。他们认为国家是由民众组成的，只有民众富裕了，国家才会富强。《论语·颜渊》通过鲁哀公和有若的一段对话对富民和富国关系进行了论述，主要由收税的事情讲起，核心思想是当百姓生活富足了，即使不收税，君王或者整个国家自然就会富足起来。又如《家语·贤君》载："哀公问政于孔子，孔子对曰：政之急者，莫大乎使民富且寿也。"儒家的主要代表有孔子和孟子，孔子认为民众积极地追求财富是非常合理的，作为统治者或者管理者，应当在这个过程中为民众创造良好的机会和条件。当时来说，民本思想的集大成者非孟子莫属，他认为民心、民意和民权这三点既是民本思想的出发点，同时也是其归宿所在。下面这段话非常精确地表达出了孟子的民生思想："五亩之宅，树之以桑，五十者可以衣帛矣。鸡豚狗彘之畜，无失其时，七十者可以食肉矣。百亩之田，勿夺其时，数口之家可以无饥矣。谨庠序之教，申之以孝悌之义，颁白者不负戴于道路矣。七十者衣帛食肉，黎民不饥不寒，然而不王者，未之有也"（《孟子·梁惠王上》）。在此基础上，孟子还对如何养民提出了具体的建议。

公平思想是儒家民生思想的一个重要组成部分。《论语·季氏》中记载了孔子关于公平的论述："丘也闻有国有家者，不患寡而患不均，不患贫而患不安。盖均无贫，和无寡，安无倾"。孔子不提倡平均主义，但是却要求社会成员之间的分配要具有公平性，不能出现失衡现象。孔子认为社会成员之间的地位虽然不同，但是贫富差距不能太大，要想办法缩小民众财富上的差距，阶级分化方面也要适度。孔子还指出对于一个国家来说，一时的贫穷或物质基础的薄弱都不算什么，人们可以通过辛勤劳动慢慢使之富裕起来。但是如果在财富分配上不够公平，即使这个国家再富足，社会也不会安定和谐，如果本身就比较贫穷，分配也不公平，那么这个国家将基本丧失走向富强的可能，或将导致更严重的恶果。早在西汉时期，董仲舒就在《贤良对策之三》中从田地拥有数量和生活状况上极力抨击了当时贫富极度不均的现象。在《春秋繁露·度制》中，他也提出了跟孔子类似的观点，"使富者足以示贵而不至于骄，贫者足以养生而不至于忧。以此为度而调均之，是以财不匮而上下相安"。即社会上的贫富差距可以存在，但不能太大，必须控制在一定限度内，加以调节。

当然，孔子和孟子所处的是封建统治下的社会，其所提倡的所有思想和理念都必须符合君主专制，民生思想也不例外，其同样只能是作为维护这种专制统治的手段之一而存在。在封建等级制度里，民众永远只能够是被统治者，"民以君为统"，社会发展、国家富强的大任必须由君主承担。

2. 孙中山的民生思想

到目前为止，儒家思想对我国仍产生着非常重要的影响，在整个封建时代，它被当作社会准则而存在，影响久远。孙中山先生提倡的"三民主义"包含了民族、民权、民生三个要义，正是将中国的儒家传统思想和西方的民主思想融汇而形成的。正如他《在欧洲的演说》中所说的那样：取欧美之民主以为模范，同时仍取数千年前旧有文化而融贯之。

孙中山先生所说的民生，字面意思来看即人民的生活，主要包括三个方面，分别是社会的生存、群众的生命和国民的生计①，主要是指那些能满足民众生存所必需的衣食住行等经济生活。这些人民生存最基本的生活需要是重中之重，无论是经济活动、政治活动，还是历史活动，统统都要围绕民生问题进行②。可以认为，孙中山的民生主义是将人民生活需要放在第一位的。

民生主义在创立和发展过程中，其内容不断得以丰富和完善。最初，孙中山对于民生主义的关注点在贫富两极分化的问题上。综观整个欧美国家，国家看起来很强大，他们的民众其实很贫困，因此出现了很多工人罢工的事件，政党间的矛盾也越积越深，"民生主义，欧美所虑积重难返者，中国独受病未深，而去之易"③。资本主义国家的工人经常组织罢工，原因只有一个，那就是贫富差距太大，资本家剥削过狠，资本家和国家都很富裕，导致工人却异常贫困，不得已只能奋起反抗。于是孙中山强调中国要及早重视民生问题，以免重蹈欧美国家的覆辙。这体现出孙中山思想是具有相当的超前性的，他已开始考虑如何避免出现英美发达国家所面临的危机，而不是盲目效法英美资本主义国家的一切做法。在20世纪20年代初，俄国工人发起的革命胜利了，这个事件让孙中山对民生主义有了更加深远的看法。于是，在国民党宣言中，他重新制定了关于民生主义的原则，主要包括两点：平均地权和节制资本。

3. 中国特色社会主义民生观

马克思主义哲学思想传播到中国后，孙中山先生对其与我国革命进行了最早的探索。随后，历届国家领导人带领大家努力学习，并在学习中不断与实践相结合，指导我国经济和社会更好地发展。在这个过程中，始终把人民群众的利益放

---

① 孙中山. 三民主义·民生主义 [A]. 见：孙中山全集（第9卷）[M]. 北京：中华书局，1981：355.

② 孙中山. 三民主义·民生主义 [A]. 见：孙中山全集（第9卷）[M]. 北京：中华书局，1981：377，365，371.

③ 孙中山. 三民主义·民生主义 [A]. 见：孙中山全集（第9卷）[M]. 北京：中华书局，1981：288－289.

在最高点，从未停止探索解决民生问题的新思路、新办法①。新中国成立以来，通过中国共产党人的不断努力，立足国情，对世界范围内的优秀思想及成果取其精华、去其糟粕，创造出了独具中国特色的社会主义民生观。

1949年新中国成立后，我国面临着两大问题，经济上要尽快恢复，社会主义建设要继续加强。在解决这两个问题的过程中，党中央和政府把民生问题放在最重要的位置，"全心全意为人民服务"的决心从未动摇。毛泽东同志曾在《论联合政府》一文中明确指出：作为共产党人，我们的一切言论和行动，都必须符合最广大人民群众的最大利益。这足以说明他及整个国家领导集体对民生问题的重视程度②。同时，他还指出中国共产党的目标主要有三个，即实现民族独立、民权得以自由、民生得以幸福。因此要竭尽全力朝着这个方向去努力，让人民过上好的生活③。在具体措施上，主要对农业和工业进行了社会主义改造，通过加强农业基础设施建设、农业机械化改造等措施，农业产量得以增加。民生问题的改善需要一定的物质基础，这可以通过积极发展工业来解决。除了大力发展生产力外，还对教育体系、医疗制度和土地制度等进行了一系列改革，这些措施都有助于解决民生问题。

党的十一届三中全会召开后，我国经济社会发展开启了新的局面。在邓小平同志的带领下，以建设中国特色社会主义为奋斗目标，在解决全国人民的温饱问题后，努力奔向小康社会。邓小平提出对于人来说，填饱肚子才是最重要的，不然什么事都干不了，因此，他尤其关心人民群众的民生问题。同时他认为我国还面临着非常多的问题，在当时国际社会背景下，不可能指望他国来提供指导和帮助，关键还是要靠我们自己④。以经济建设为中心的国家发展战略实施后，我国经济发展进入了快车道，经济实力的提升为民生改善打下了坚实的基础，在随后党的十四大报告中，宣布全国人民的温饱问题已基本得到解决，接下来就是努力奔向小康社会⑤。全面建设小康社会已成为全国人民的共识，在此期间，民生的内涵得到进一步深化。

在党的十六届三中全会的大会报告中，"以人为本"的概念首次得以推出，具体而言，要"坚持以人为本，树立全面、协调、可持续的发展观，促进经济社

———————————

① 霍益辉. 共产党的哲学是民生哲学［EB/OL］.（2009 - 08 - 06）［2017 - 01 - 26］. http：//theory. people. com. cn/GB/40537/9800088. html.

② 毛泽东选集（第3卷）［M］. 北京：人民出版社，1991：1096.

③ 毛泽东选集（第1卷）［M］. 北京：人民出版社，1991：259.

④ 邓小平文选（第3卷）［M］. 北京：人民出版社，1994：265.

⑤ 江泽民文选（第1卷）［M］. 北京：人民出版社，2006：210 - 211.

会和人的全面发展"①。党的十七大报告则进一步明确指出科学发展观的核心是"以人为本",基本理念是改善民生。在此基础上,努力让人民群众的医疗、养老、住房等都得到保障。党的十八大也高度关注民生问题,明确指出要解决好人民的根本利益问题,以让大家过上好日子作为奋斗目标。习近平重点强调,"中国梦"实现的必要条件就是民生问题得到很好的保障和改善。2015 年,"共享发展"的理念深入人心:"共享是中国特色社会主义的本质要求⋯⋯必须坚持发展为了人民、发展依靠人民、发展成果由人民共享,作出更有效的制度安排,使全体人民在共建共享发展中有更多获得感"②。它本质上体现了"以人为本"的理念,是对其的进一步发展,说明我国正坚定不移地朝着民生这个方向去努力。党的十九大报告明确提出,"必须始终把人民利益摆在至高无上的地位,让改革发展成果更多更公平惠及全体人民,朝着实现全体人民共同富裕不断迈进""带领人民创造美好生活,是我们党始终不渝的奋斗目标"。此外,还强调建设生态文明是"千年大计";人人都有通过辛勤劳动实现自我发展的机会;构筑多层次社会保障体系;幼有所育、弱有所扶,在发展中补齐民生短板;让全体人民住有所居。

(二) 西方民生思想概述

"民生"这个词语起源于中国,并且得以传承和发展至今。西方文化中虽没有明确提到"民生"这个词语,但不难发现,众多哲学家和经济学家都在研究中进行过相关的探索,并形成了一些思想和成果,其思想内涵是与我们现在所说的"民生"相对应的,值得我们学习和借鉴。

1. 福利经济学与幸福经济学的民生思想

几千年来,人类不停寻求着各种在生活中获得幸福的方式。在西方哲学家对幸福的思索之中已开始暗含着对"民生"思想的初探。最具代表性的是亚里士多德和杰里米·边沁。前者在其著作《政治学》一书中指出人们在不停地追求幸福,在这个过程中,财富起到了很重要的作用,但并不是根本目的③。后者提出了著名的"功利主义"理论,这个理论后来成为福利经济学的哲学基础。功利主义认为判断一种行为正确与否,主要标准为是否产生了幸福感。幸福是一种感觉,没有标准,因为每个人对幸福的理解不同,感觉也不一样。从个人角度来说,应该把幸福作为毕生的追求目标,从国家角度来看,只有大部分人都追求到

---

① 中共中央关于完善社会主义市场经济体制若干问题的决定 [M]. 北京:人民出版社,2003:2.
② 中共中央关于制定国民经济和社会发展第十三个五年规划的建议 [M]. 北京:人民出版社,2015:12.
③ 苏华. 快乐幸福是经济社会发展的最高目标 [J]. 理论学习与探索,2007 (5):77-80.

了幸福，社会利益才会达到最大化，国家治理才是成功的。

福利经济学是庇古重要的成果之一，他在边沁研究的基础上，对社会福利的增加途径做出了比较深入的研究。在他的定义里面，虽然福利表示一种效用和人的心理感受，但是在研究过程中，只对社会福利的可衡量部分进行了探讨，这种可以被衡量的部分即为经济福利，实际上也属于民生的一部分。关于经济福利，庇古的观点如下：衡量经济福利的主要指标是国民收入，无论是个人还是整个国家的经济福利，都与国民收入正相关；如果要实现社会福利的提高，就不能出现收入差距，通过高、低收入人群的收入转移，在收入均等化后，可增加全社会的经济福利①。由此可以看出，在缩小收入分配差距上，庇古支持由国家来进行干预，具体来讲就是通过实行相关的财政税收政策来对国民收入进行再分配，以达到增加社会总福利的目的。福利经济学有新旧之分，庇古的理论被称为旧福利经济学，后来，随着序数效用论的兴起，社会福利的衡量也引进了序数效用工具，在这之后的研究统称为新福利经济学。新福利经济学在收入分配的问题上持不同的观点。

幸福经济学于 20 世纪后期出现，又称快乐经济学。作为福利经济学的重要分支，哲学与经济学相融合是幸福经济学的鲜明特点，因为它不仅包含了计量经济学和行为经济学，还引入了心理学，现在可称为学科交叉研究。关于幸福经济学的研究，国内外学者都有所涉及。最早从事幸福经济学研究的是理查德·伊斯特林（Richard Easterlin），早在 1974 年，他在《经济增长可以在多大程度上提高人们的快乐》这本书中提出了一个著名的悖论，得到了学界的公认，并以他的名字进行命名。悖论的核心观点是当收入增加时，一个人的快乐不一定随之增多。他也承认，收入对于快乐的增加有一定作用，但是这个作用是很短暂的，不具有可持续性，他的研究也对此进行了证明。后来的一些学者也就收入与快乐的关系、财富与幸福的关系等进行了探索，结论也基本与之保持一致，无论是西方国家还是东亚地区，均存在这样的问题。在国内最早进行幸福经济学研究的当属陈惠雄，他在《人本经济学原理》一书中阐明了自己的观点，提出了以人为本的经济理念和和谐社会思想，这是一种以绝大多数人的幸福快乐为核心的价值体系。在此基础上，他建立起了一套完整的评价体系，专门用来衡量国民的快乐指数，这个指数在一定程度上体现了整个国家的和谐度。

与新福利经济学不同，幸福经济学是以主观效用论为基础的，强调主观的重要作用，同时利用数理工具来辅助证明。幸福经济学受到了大众的关注，同时也

---

① 庇古. 福利经济学［M］. 上海：上海财经大学出版社，2009：23 – 31.

对国家政策产生了重要影响，它使伊斯特林悖论有了一个较为完美的解释。总而言之，幸福经济学的观点主要有：收入是增加幸福感的关键因素，除此之外，还有其他的影响因素；由收入带来幸福感持续时间较短，而由非收入因素所带来的幸福感持续时间比较长；当收入超过一定水平后，对人们的幸福感会起反作用。政策启示主要有：一个国家想要得到健康长远的发展，不仅要促进经济的增长，提升社会成员的收入水平，还要加强民生类因素的建设，对人们的教育、健康水平、环境等影响到幸福感的因素予以重视，这样经济社会才会得以可持续发展。

2. 社会政策学的民生思想

1837 年，社会政策学起源于德国，学者瓦格纳（Adolph Wagner）在其论文中对社会政策学进行了比较科学的定义，他在文中提到，社会政策主要利用以下两种手段来调节社会成员的收入分配差距问题，即立法手段和行政手段。社会政策学关注低收入群体，强调社会的公平和权利的平等，当时已经具备了民生思想的雏形。

社会政策学派的发展主要分为三个时期——早期、中期和晚期。在早期，德国的收入分配出现了严重的不公平现象，正是在这样的社会背景下，社会政策学派认为这是所有资本主义国家的弊端，要及时消除这类弊端，并提出保护劳动者、让劳动者享受应有的权利和得到劳动收益是国家义不容辞的责任和义务[1]。社会政策学派的税收理论对当时的政策产生了重要影响，主要有税收二元论和税收九原则，认为税收具有强制性，是一种收费的工具，但是最重要的功能应该是调节居民的收入分配差距。这些理论本质上都是为"民生"思想服务的。在中期，社会政策学的研究内容主要是"福利国家"。因为在这一阶段，英国发布了"贝弗里奇报告"，并宣布要把英国建成福利国家，随之，"福利国家"的思想得到众多欧洲国家的认可和纷纷效仿。这份报告强调了社会保险的重要性，认为增加社会福利是国家的责任，要让所有公民都享受到这一权利，这可以通过社会保险来实现。到了后期，由于西方国家的经济出现了滞胀，包括凯恩斯的国家干预经济理论和福利国家思想在内的所有经济理论都站不住脚了，以英国和美国为代表的西方国家为了走出滞胀经济，纷纷对社会福利制度进行了改革，社会政策学研究也随之进入了新的阶段。随着经济全球化的发展，社会政策全球化成为了社会政策学者们关注的热点[2]。

3. 新剑桥学派的民生思想

作为当代凯恩斯主义的重要分支之一，新剑桥学派认为资本主义制度是存在

---

① 唐钧. 社会政策学导引 [J]. 社会科学, 2009 (4): 71 – 79, 189.
② 唐钧. 社会政策: 国际经验与国内实践 [M]. 北京: 华夏出版社, 2001: 15 – 20.

严重缺陷的，其中最根本的缺陷就是收入分配上的不平等。为了弥补这个根本缺陷，他们提出资本主义国家应该制定相关政策来缩小收入分配差距，并特别强调经济增长不能作为制定国家宏观经济政策的唯一目标。并且提出，资本主义国家的经济增长必然带来收入分配的失衡，这是资本主义社会的病根所在，因此资本主义国家应该把完善收入分配制度作为首要任务①。

新剑桥学派的研究融合了经济增长理论和收入分配理论，他们认为投资率、储蓄倾向和消费倾向这三个因素决定了利润在国民收入中的占比，因此，资本可以通过操作后两个因素来达到增加利润比例的目的。并且，利润率会随着经济增长率的提高而提高，这也使利润分配严重偏向资本家，工人所得越来越少。即资本收益率远远高于劳动收益率，从而导致收入分配状况恶化。

新剑桥学派主张通过财税政策来改善资本主义国家收入分配失衡的问题，尤其是税收政策，他们对其发挥缩小收入差距的作用寄予厚望，并对具体的税收政策措施作出了说明：税制设计应该以公平作为原则，根据纳税行业和主体负担能力的不同来设计差异化的税收政策；还分别针对所得税、消费税和遗产税等税收制度进行了具体的设计。他们主张的这些税收政策大体就是让富者多交税，贫者少交税。

二、民生财政支出概念界定

（一）民生财政的定义

1. 社会定义

《辞海》把"民生"解释为"民众的生计和生活"，由此可见，民生可以理解为民众之生计问题。古往今来，圣贤们都十分看重民生。孟子提出的"民为贵，社稷次之，君为轻"体现出朴素的民本思想。革命先行者孙中山先生提出的民族、民权和民生的三民主义思想，将民生的内涵定义为衣、食、住、行四个方面，并且指出，民生不仅是人民的生活、社会的生存、国民的生计，更是群众的生命。在外文文献中，民生与 welfare 的含义非常接近，通常被译为 well-being，在日常用法中则会被译为 happiness。我国香港、台湾地区则通常表达为"福祉"，可见，在不同的社会环境下，民生会有不同的表达方式，但实际上含义都是相同的，民生的内涵是十分丰富的，包含了从"温饱"到"幸福"等多个层

①　胡代光. 新剑桥学派述评 [J]. 经济研究，1983 (1)：61-66.

次。从社会学意义上看，民生包括人民的基本生存和具体生活状态、基本发展的能力和基本权益受保护的状况等，即人民之幸福、人民之生计，包括衣、食、住、行、生、老、病、死等与人民群众生活密切相关的事项。从这个角度来看，民生是属于社会学范畴的，本身并不是经济学或财政学的专业术语。

2. 官方定义

民生财政已成为学术界关注的热点，民生财政的提出是非常及时并顺应时代要求的，有着重要的现实意义。但是关于民生财政的概念，迄今理论界和学术界尚无权威或官方的解释，也无统一的界定。

何谓民生财政？2006 年的政府报告提出要关注民生，通过民生财政支出的方式让全国人民共享改革发展硕果。2007 年，在党的十七大报告中，把民生问题摆到了战略性的高度，要在经济发展的基础上，更加注重社会建设，加快推进以改善民生为重点的社会建设，并提出，广义上的民生领域主要包括教育、就业、社会保障、医疗卫生、社会和谐等。2008 年政府对民生的内容作出了一些小的调整，规定更加具体和明确，专门列出了住房保障这项内容，同时，在政府预算报告里列出了民生财政支出的具体项目，民生财政支出涵盖的内容非常广泛，具体包括教育、医疗卫生、社会保障、就业、廉租住房、文化、环境保护和生态建设、公共服务和公共安全等方面的支出。2013 年党的十八届三中全会通过的《中共中央关于全面深化改革若干重大问题的决定》将促进社会公平正义、增加人民福祉视为一切改革举措的出发点和落脚点。民生财政既要最大限度地提供民生产品和服务，也要倾听和关切人民对社会公平、生态环境和民主法制等方面的诉求，全方位地满足人民对美好生活的需要。2015 年党的十八届五中全会审议通过的《中共中央关于制定国民经济和社会发展第十三个五年规划的建议》指出，"共享是中国特色社会主义的本质要求……必须坚持发展为了人民、发展依靠人民、发展成果由人民共享"，将共享发展理念纳入民生财政中，指出了民生财政的发展方向。2018 年的政府工作报告提出，"要提高保障和改善民生水平，在发展基础上多办利民实事、多解民生难事，兜牢民生底线"，对做好民生工作提出了更高的要求。

3. 学界定义

关于民生财政的定义，学术界存在着众多观点，目前尚无定论，学者们对此也没展开具体讨论。从与公共财政的关系来看，张馨（2009）将民生财政定义为"我国公共财政特有的基本运行模式"，它的直接目的是服务民生，是政府执政理念在财政上的体现和结果，即从"以经济建设为中心"转变为"为民执政"。王雪珍（2009）提出，作为新的实践，可以把民生财政当成我国财政改革的新方向①。马海涛和立道（2010）认为相对于公共财政来说，民生财政的口径是比较窄的，把它称为财政支出在相关民生领域的倾斜或者说是公共财政在一定阶段的实施理念可能更为准确②。贾康、梁季（2011）认为民生财政就是公共财政，两者没有任何差别，只是对同一事物的两种称呼而已③。从财政的目标来看，刘尚希（2008）等认为民生财政身负的"使命"很多，不仅要促进国家经济的增长，还要增加人民群众的幸福感。只有同时做到了这两点，民生财政的称谓才是名副其实的，单单财政支出上的民生化并不能称之为民生财政④。郝硕博、李上炸（2009）认为民生财政是政府财政政策和目标的具体体现，即为了改善民生、增加社会福利而存在的。刘尚希（2011）还指出民生财政不仅是财政的出发点，更是其实实在在的落脚点，只有经常关注民生，才能实现财政政策以人为本的目标。从财政支出结构来看，安体富（2008）、郑明彩（2009）、嵇明（2011）等学者认为民生财政就是指在整个财政支出结构中，用于教育、医疗卫生、社会保障和就业、环境保护、公共安全等民生领域的支出占较高的比例，甚至处于主导地位⑤，但这一定义缺乏清晰度和严谨度。虽然学者们对民生财政的概念指向有所差别，但其本质并没有改变，都是强调以改善民生为目的。

（二）民生财政支出的主要内容和层次

到目前为止，无论是国内还是国外，无论是从财政学界还是统计学界来看，对于民生财政支出的内容，都没有做出统一的界定和说明，唯一形成共识的是民生财政支出必然包括教育支出、医疗卫生支出、社会保障和就业支出。因此，为了在研究过程中对不同年份、不同区域的民生财政支出规模、结构、增长速度等进行准确客观地对比，使研究更具价值和客观性，本书在理论部分和实证部分主要从教育、医疗卫生、社会保障和就业这三项出发，对民生财政支出对我国城乡居民收入差距的影响作出分析。从历年的中央和地方政府财政预算报告来看，与人民群众生活紧密相关的财政支出排在前面六位的是教育、医疗卫生、社会保障、文化、农业水利、环境保护。而且随着我国经济的不断增长，每年关于用于民生方面的财政支出，都在不停增长，呈持续上升趋势，可见我国政府部门对民

---

① 王雪珍. 构建民生财政——公共财政改革的新视角 [J]. 全国商情, 2009 (14): 133 – 134, 136.

② 张馨. 论民生财政 [J]. 财政研究, 2009 (1): 7 – 10.

③ 贾康, 梁季, 张立承. "民生财政"论析 [J]. 中共中央党校学报, 2011, 15 (2): 5 – 13.

④ 刘尚希. 论民生财政 [J]. 财政研究, 2008 (8): 2 – 10.

⑤ 嵇明. 关于民生财政的若干思考 [J]. 经济研究参考, 2011 (19): 21 – 26.

生问题的重视。另外，分别来看中央和地方财政的民生支出，似乎来自中央方面的支出较少且增长缓慢，其实原因在于中央的大部分民生支出，都通过税收返还和转移支付的形式给了地方政府，这些资金绝大部分也用在了民生支出项目上。有的学者认为民生财政支出其实可以从不同口径来分析其所包含的主要内容，分广义和狭义来看待①。

部分学者提出，虽然从总体上来看，我国民生财政支出的规模不断扩大，但是在某一年度范围内，用于民生的资金是有限的。因此，在对其进行规划时，为了使民生财政资金能够得到高效的使用，更好地为人民群众服务，应该把重要性、关联程度等作为衡量指标，进行层次化、级别化分析。在张馨（2009）的研究里，民生财政支出的确存在一定的阶梯性，被划分为五层阶梯：第一阶梯包含了民众最基础的生存条件，如医疗、就业、社保等；第二阶梯包含了民众作为一个现代人所需要生活条件，如教育等；第三阶梯涉及民众精神方面的需求，如文化等；第四阶梯关系到人们所赖以生存的环境，即环境和生态的保护等；第五阶梯则是公共服务方面的支出，范围较广②。贾康、梁季、张立承（2011）也对民生财政支出的顺序作出了说明，既然叫民生支出，就要对最基本的民生作出保障，主要分为两个层次，第一层次主要包括为了维护整个国家和社会健康可持续发展所采取的一些措施和制度安排，第二层次主要包括统计意义上的民生支出，包括科教文卫、住房保障等涉及民众基本生活的重要事项。

三、收入分配概念界定

在借鉴约翰·罗杰斯·康芒斯对收入分配概念界定的基础上，收入分配亦可以从动态和静态两个方面来理解，首先从动态来看，收入分配是人们分割和占有被分配对象的一个过程，只不过在进行经济学研究时，我们通常默认这个过程只与国民收入相关。其次从静态来看，收入分配是对一种关系的表述，即人与物存在一种分配主体之间的关系。

通常来说，国民收入分配主要包括三个层次的分配过程：初次分配、再分配和特殊分配。初次分配的主体是市场，以效率优先为原则，以对生产要素贡献为衡量标准，市场机制自动发挥其资源配置功能的过程，初次分配对一个国家的经济发展至关重要。再分配的主体为政府，以公平优先为原则，税收和转移支付为主要工具，政府相关部门干预宏观经济的分配过程。初次分配造成了一些收入分

---

① 稽明. 关于民生财政的若干思考 [J]. 经济研究参考, 2011 (19)：21 – 26.
② 寇明风. 民生财政的内涵与体系构建：一个文献综述 [J]. 地方财政研究, 2011 (8)：20 – 25.

配不公平的现象，政府为了维护整个国家和社会的稳定，必须要再分配，缩小收入分配差距，使收入分配相对公平。特殊分配的主体是富人或企业，因为这是超越市场机制和国家干预、以自觉自愿为前提的一种分配方式，因此我们称之为特殊分配。随着经济社会的不断发展，越来越多的主体积极投身到慈善事业当中，回馈社会，如今特殊分配方式已然在国民收入分配中起到了非常重要的作用，对再分配起到了很好的补充调节作用，有利于缩小收入分配差距。我们国家和社会分配的最终格局，是在这三种分配方式互动互补下形成的。

收入分配格局的形成，始终绕不开收入差距这个问题，无论是政府的积极干预，还是特殊分配方式的有力调节，都没能解决好这个问题，而且收入差距呈现扩大化的趋势。政府应该在个人主观努力外找原因，缩小因教育、医疗卫生、社会保障等不平等而导致的收入差距①。

第二节　民生财政支出调节居民收入差距的理论依据

一、马克思主义分配理论

马克思在前人的研究基础上，创造性地提出了按劳分配理论，对社会再生产过程的实现条件和形式作出了科学的解释，由此奠定了整个分配理论的基础。他认为贫富差距的形成，离不开当前社会的生产方式和按劳分配的价值衡量标准。由此，马克思专门对再生产理论进行了说明，概括起来再生产理论的核心内容主要有四点：第一，生产、分配、交换和消费组成了社会再生产的全过程，他们之间相互促进、相互决定、相互作用，是一个不可分割的整体。具体而言，生产决定了其他三项，但是这三项又会反过来对其产生一定的影响。第二，社会总产品的构成除了实物以外，还有一个非常重要的部分，那就是价值。这其实也是马克思社会再生产理论的前提条件。第三，社会再生产主要由一般再生产和扩大再生产两个部分组成，一般再生产是扩大再生产的前提，扩大再生产是一般再生产进行到后期的发展方向。后者是资本家进行资本积累的前提，而前者只是其中一个普通的过程而已。第四，如果既能从实物层面获取社会总产品的补偿，同时又能从价值层面获取社会总产品的补偿，那么意味着

---

① 万莹. 缩小中国居民收入分配差距的税收政策研究［M］. 北京：中国社会科学出版社，2013：5.

整个社会再生产的核心问题已经解决了。在获取补偿的过程中，最关键的是保证总产品的顺利流通。

二、西方收入分配理论

（一）福利经济学收入分配理论

福利经济学，顾名思义就是与社会福利相关的经济学研究。前面曾提到过，根据研究出发点的不同，可分为旧福利经济学和新福利经济学，前者基于基数效用理论，后者是基于序数效用理论来开展研究。旧福利经济学认为社会总福利水平的高低取决于两个关键因素，一个是国民收入水平，另一个是国民收入分配的公平性。只有同时满足这两个条件，社会福利才能达到最大化。那么如何才能实现国民收入的最大化呢？庇古认为，在其他条件不变的情况下，当社会资源处于最优配置状态时，社会总产量会最大化，从而可以实现国民收入的最大化。除了市场机制的自动调节，政府还可以通过税收、补贴等方式进行调节，双管齐下，使社会资源配置处于最佳的状态，国民收入水平到达最高点，从而满足了第一个条件。接下来又该如何改善收入分配，使其达到最佳的状态呢？庇古认为可以通过"劫富济贫"的办法，把部分收入从富人转向穷人，促使社会总福利的增加，还可以向富者征税来改善国民收入分配状况，从而达到第二个条件。关于社会总福利水平最大化的条件，新福利经济学认为只有一个，那就是资源的最优配置，当经济达到帕累托最优且初次分配是公平的，那么在完全竞争市场下，此时的资源配置是最优的，即社会总福利水平达到最大。相对来说，新福利经济学比较看重国民收入的初次分配状况，对于政府干预的再分配，则觉得无关紧要，无论其对收入是否进行了调节，都不重要，只要市场处于完全竞争状态，最终都可以实现社会总福利最大的目标[①]。

（二）米德与舒尔茨的民生支出理论

西奥多·舒尔茨和詹姆斯·米德两位学者都提出可以通过民生类的财政支出来缩小收入分配。前者特别强调教育在缩小收入分配差距上具有十分重要的作用，通过对多个国家的战后经济发展进行研究，发现教育水平不仅对经济增长具有正向效应，同时在社会公平化过程中也发挥着不可替代的作用。他从人力资本

---

① 王桂胜. 福利经济学 [M]. 北京：中国劳动社会保障出版社，2007：14－25.

的角度来对教育进行说明，认为教育其实就是一种人力资本投资，人力资本投资可以提高人们的收入水平，尤其是义务教育和职业教育方面的投资，可直接提高低收入者的收入水平，从而达到改善收入分配状况的目的。米德则认为增加包括基础教育、医疗、社会保险等在内的供给水平，可以缩小收入分配差距，基础教育的投入可以增长人们的平均知识水平和技能，而医疗卫生的投入和社会保障类的投入可以减少社会的不公平。

（三）凯恩斯的收入分配理论

凯恩斯鼓励政府对市场经济进行一定的干预，通过实行积极的财政政策来刺激消费需求，以达到社会充分就业的目的，并且认为收入分配的不公平会降低消费需求，因此，要实现充分就业，必须改善收入分配的状况。在财政政策上，亦可以通过增加救济性转移支付或发行外债，对消费需求进行刺激，在一定程度上可以弥补收入分配不公平带来的有效需求不足问题[1]。在凯恩斯看来，个人的消费水平跟收入水平是呈正比的，在收入分配平等的条件下刺激消费需求才会产生比较好的效果，收入差距的扩大不仅会影响消费问题，甚至还会对产业结构升级产生不良影响。凯恩斯提出政府可以采取以下措施来调控宏观经济，消除收入分配不平等：首先，提高个人所得税率，让富人多交税，然后通过再分配转移一部分收入给穷人，提高他们的消费水平；其次，增加投资需求，降低利率，以刺激投资需求的增加；最后，增加财政福利性支出，增加公共品供给，普遍提高居民的生活水平[2]。

（四）布坎南的收入分配理论

布坎南对于收入分配差距问题的调节，有自己独到的见解。在《自由的限度》这本著作中，布坎南提出，造成收入分配不平等的原因主要有两个——人和制度，区分好这两点事关重要，是政府采取干预措施的前提。之后，还从税收和教育支出两方面讨论了政府进行干预的具体措施：政府可以通过征收遗产税和赠与税来减少最初的收入不平等；另外，政府可以通过增加公立教育经费支出，提高整个国家的人均受教育水平，使民众增加获取收入的机会[3]。

---

① 约翰·梅纳德·B.凯恩斯. 就业、利息和货币通论 [M]. 北京：商务印书馆，2002：85－102.
② 哈维·S.罗森. 财政学 [M]. 北京：中国财政经济出版社，1992：205.
③ 刘乐山，鲁昕. 西方财政调节收入分配差距方法理论述评 [J]. 生产力研究，2007（3）：149－150.

第三节　民生财政支出作用于居民收入分配的机理分析

一、教育支出调节收入分配的作用机理

关于教育对收入分配差距的作用，众多学者从理论和实证上都进行了论证，得到了并不完全一致的结论，但关于教育对增加个人收入的正面效应，学者们的观点是保持一致的，这也在一定程度上显示了教育对个人收入增长的重要性。人们的收入虽然不能完全或直接得益于教育（尤其是义务教育），但是都在一定程度上得益于学生时期的教育。受教育水平越高的人，通常收入亦会越高。

在研究教育与收入的关系时，通常会跟人力资本这个词联系起来。人力资本的质量能否得到提升、数量能否得到持续增加，都取决于教育支出。人想要加强自己各方面的能力，需要通过受教育的过程获得，以此学习到更多的知识、生活和工作技能。学校教育是提升人力资本最主要的途径，但是学校教育本身具有排他性，因此，需要政府参与进来对其进行干涉，通过财政教育支出的方式，让每一个人都能够接受来自学校的正规教育，从而提升全民的人力资本水平和收入水平。在就业市场中，个人的受教育程度跟就业机会是成正比的，跟收入水平也是成正比的，即受教育的层次越高，收入水平越高。因为他们可以有机会得到更好的工作岗位，拥有更高的工作平台。因此从一个国家来看，个人受教育程度的差距也是跟收入差距成正比的，要缩小居民的收入差距，就必须缩小个人受教育程度的差别。另外，除了政府的教育投资，个人也会对自己进行教育性投资，受教育程度高的人在这方面会有更高的觉悟，也拥有更充足的资本和条件，无论是对自己，还是对孩子，都愿意花更多的钱和时间在教育上，从而形成良性循环，能得到更高的收入；反之，那些受教育程度低的人或者家庭则会陷入越来越贫困的恶性循环，最终导致两者收入差距越来越大。

在我国，教育被划分为初等教育、中等教育和高等教育三类，主要包含了小学、初中、高中和大学这几个阶段。由于每个阶段的教育都有其特殊性，因此我国财政在对各阶段的投入有很大的差别。目前来说，我国的义务教育包括小学和初中，也就是通常所说的狭义上的基础教育。义务教育的全面普及，对提高全社会整体教育水平和国民的素质水平发挥了重要作用，有利于减少不平等，当然，这个过程离不开政府的主导。2005 年，政府意识到我国农村的义务教育需要进

行改革，并把此事提上了日程，加大财政经费上的投入是这次改革的重点，自2008年秋季开始，我国义务教育学杂费也得到减免，这标志着全国义务教育阶段的经费都由政府财政来承担。义务教育得到全面普及后，随着我国经济的快速发展，政府开始加大对中高等教育的财政经费支持。义务教育阶段不能对居民收入增加产生直接的效果，但中高等教育不一样，通过政府对其进行积极的引导和干预，可以使其成为调节收入分配的重要工具，改善社会的不公平状况。

二、医疗卫生支出调节收入分配的作用机理

对于一个国家来说，国民的健康状况是非常重要的，因此，在医疗卫生建设方面，政府的责任非常重大。20世纪80年代以来，医疗卫生作为一种重要的公共产品，其重要性被众多国家所认可。当时，美国是在医疗卫生领域投入较多的国家之一，不仅通过财政支出直接对居民医疗和普通公共卫生机构进行补助，还有很多跟医疗卫生相关的间接调控和干预措施。这些措施使美国居民的福利水平直线上升，因为实际上相当于减少了居民的医疗费用，从而增加了他们的实际收入水平或可支配收入。改革开放以来，我国政府进行了多次医疗卫生体制改革，力图不断提升公共卫生服务水平，完善医疗保障制度，从而减轻城乡居民在医疗费用上的负担。

与学校教育类似，公共卫生是具有公共性和排他性的，这一特性要求政府必须对整个国家的基础医疗卫生服务进行投资。作为基本人权之一，每个人都应该享有健康权，尤其是在如今高度发达和文明的社会中，人们对自身健康的关注度越来越高，对医疗卫生服务的要求自然也就更高。政府不仅要为国民创造良好的医疗卫生环境，还要让全民都能享受相对平等的医疗卫生服务。无论是从相关文献的理论分析，还是从各国在经济社会发展过程中的实践来看，医疗卫生支出的差异会对城乡居民的生活产生非常大的影响，恶化收入分配状况，不利于实现社会的稳定和和谐。医疗卫生服务水平跟劳动者的健康水平息息相关，政府若不能及时进行干预，低收入群体将无法享受到应有的医疗服务，健康水平也会堪忧。

健康投资本质上是一种人力资本投资，很多学者直接称之为健康人力资本，健康人力资本水平的提升可以增加人们的收入。劳动者在工作时是需要脑力和体力支持的，两者缺一不可，一个健康的人才能在劳动中投入更多的体力和精力，按时出色地完成工作任务，获得更高的收入。一个健康的人能获得更长的寿命，在岗位上工作得更久，获取收入的时间更长。厘清了健康和收入的关系，再来看我国的城镇地区和农村地区为何存在如此大的收入差距，也就不足为奇。城乡居民所享受的医

疗卫生服务水平存在差别，正是这种医疗卫生供给上的不平等，导致了城乡居民健康人力资本水平的不同，最终使收入差距不断扩大。政府应该尽快完善我国的医疗卫生服务体系，扩大农村医疗卫生支出，缩小城乡医疗卫生服务水平。

三、社会保障和就业支出调节收入分配的作用机理

社会救助性支出对缩小收入分配差距的作用机理非常直截明了，这正是由它的扶危济困性决定的。自社会救助这个项目设立起，它的目标就非常明确，那就是救助贫困人口和弱势群体，保障人民群众的最低生活。因此，社会救助性支出可以说是维护社会稳定，调节收入分配差距最简单直接的工具，其重要性不言而喻。社会救助资金的来源主要有财政经费和社会捐赠等，其分配方式主要是通过中央政府向地方政府的转移支付、慈善机构或个人举办活动等形式把资金直接发放到特定目标和对象手中。目前，社会救助支出主要集中在城市救助和农村救助两方面。其中，城市救助支出主要包括最低生活保障支出、医疗救助等；农村社会救助支出主要以低保救助、五保供养、自然灾害救助和医疗救助为主。在这个过程中，贫困和弱势主体可以纯粹地接受这笔资金，而不需要对发放者履行任何义务。社会救助的这种特殊性，就要求国家必须是主要发起主体，国家为主、社会为辅的方式才能让救助持续下去，帮助到更多的贫困弱势群体，使他们的基本生活得到保障，从而缩小收入分配差距。

与社会救济的权利单向性不同，社会保险讲求权利和义务的互相对应，国民享受保险收益的前提是要缴纳相应的费用。总体上来看，社会保险是有利于低收入群体的，因为一般低收入者缴纳的费用更少，享受的权利往往更多。从这点来看，社会保险具备缩小收入分配差距的功能。社会保险制度主要包括养老、医疗、工伤、失业和生育这五个项目，由于每个项目具体的筹资和待遇都不相同而且比较复杂，因此它们各自对收入分配的调节作用是不同的。在这几项保险制度中，养老保险是最重要的，它是整个社会保障制度的核心，其对收入分配的调节作用最为关键。养老保险制度主要分为基金积累制和现收现付制，两者的主要区别在于拥有不同的筹资模式和给付模式，两种模式的不同决定了其收入分配调节的力度大小不同。其次重要的是医疗保险，如果是由政府为全社会成员提供医疗服务，那么将有力地改善社会收入分配状况。当然，只要国家能不断地完善社会保险制度，建立起符合我国国情的社会保险体系，无论是养老保险、医疗保险、失业保险、工伤保险，还是生育保险，都能在一定程度上增加低收入者的收入，发挥其调节收入分配差距的作用。

社会福利是指国家和社会通过各种福利事业、福利设施、福利服务为社会成员提供基本生活保障，并使其基本生活状况不断得到改善的社会政策和制度的总称。社会福利支出不仅具有公共性，还具有福利性，因而能够对社会成员的生活水平产生重要影响，改善全社会的收入分配状况①。社会福利涵盖了教育、住房、特殊人群和职业等，相对于其他社会保障支出而言，社会福利调节收入分配的作用机理比较简单。社会福利资源主要来自国家的投入、组织以及调动，其福利资源的形式多样化，单从现金来看，主要来源于国家财政的转移支付支出。国家通过向富者多收税，少发福利，向贫者少纳税或者不纳税，多发福利的方式直接调节社会成员间的收入分配。随着我国经济社会的快速发展，社会福利调节收入分配的效果还受到公共服务平等性的直接影响。

为了改善就业环境、减少就业问题，我国在财政支出中专门设立了"就业支出"。经过几次变更，现在和社会保障支出一起，列为"社会保障和就业支出"。就业支出的设立，是实现全社会充分就业目标的重要工具和手段，也充分体现了我国积极的财政政策，有着非常重要的现实意义，通过提供就业补助和补贴，在一定程度上，能够缩小收入差距。首先，就业本身是获得收入的基本前提，是缩小收入差距的有效手段，对改善我国的收入分配格局有着重要作用。其次，国家对一部分人提供就业补助或者培训补贴，能够使他们更加稳定地就业，降低失业率，从而减少贫困人口或者低收入群体的规模，缩小居民间的收入差距。

本 章 小 结

我国的民生思想源远流长，从孔孟时期的儒家民生思想，到国民革命时期孙中山提出的"三民主义"，再到新中国成立后的中国特色社会主义民生观，这些以人为本的思想和发展理念正逐步指引着我们走向经济快速发展、人民群众生活水平不断提高的美好新时代。"民生"一词虽然起源于中国，但是西方的哲学家和经济学家也进行过相关的探索，主要有福利经济学与幸福经济学的民生思想、社会政策学的民生思想和新剑桥学派的民生思想，他们的民生思想也是值得我们学习和借鉴的。民生财政是我国解决民生问题过程中出现的新生事物，关于它的概念，无论是理论界还是学术界，尚没有一个权威或官方的解释。民生财政的主要内容有教育、卫生、就业、社会保障、住房保障、公共服务和公共安全、环境

---

① 陈良瑾. 社会救助与社会福利 [M]. 北京：中国劳动社会保障出版社，2009：82.

保护和生态建设等。

　　用政府财政支出来调节国民收入分配，或者说缩小居民收入差距，形成了一系列的经典理论，主要有马克思主义分配理论、福利经济学收入分配理论、米德与舒尔茨的民生支出理论、凯恩斯的收入分配理论、布坎南的收入分配理论等。这些经典理论对本书从民生财政支出视角来研究缩小居民收入分配差距的机制和对策具有理论指导意义。

　　教育、医疗卫生、社会保障和就业这三项财政支出构成了民生财政支出的主要内容，它们各自通过一定的途径和机理作用于收入分配，从而起到调节居民收入分配的作用。教育支出作为人力资本投资的主要形式，通过对初等教育和中高等教育的投入，提高国民素质和增加个人收入，更加有利于公平的实现；医疗卫生支出会影响城乡居民的生存状况和生活水平，影响着居民收入差距，在保证我国公民健康和实现社会公平上有着不可替代的作用；社会保障和就业支出主要包括社会救助、社会保险、社会福利和就业补助四个方面，而社会救助的扶危济困性、社会保险的互助共济性、社会福利的公共性和福利性、就业补助的公平性和福利性，都是有利于缩小收入差距的，在调节收入分配中发挥着重要作用。

第二章

城乡居民收入差距现状及成因分析

经过改革开放和市场化进程的几十年发展，我国居民收入水平有了显著提高，人民生活总体上达到了小康水平，社会各个阶层都不同程度地得到了改革开放带来的实惠。但是，在居民收入水平大幅度提高的同时，城乡居民之间的收入差距仍比较明显。目前居民收入差距过大已成为我国经济社会发展的突出矛盾之一，必须予以高度重视和妥善解决。

第一节 居民收入分配差距的总体特征

在我国经济转型与经济发展过程中，收入分配一直被视为对经济主体形成有效的激励与约束机制从而促进经济效率提高的重要途径。收入分配体制变迁以及分配格局的演变相伴于我国经济转型与经济发展的始终。一方面，通过适当的收入分配机制形成有效的激励与约束机制从而推动经济转型与发展进程；另一方面，经济转型与发展过程中也不断地调整各经济主体的利益格局。在经济体制改革过程中，收入分配制度始终居于至关重要的地位。这不仅表现在以农村分配关系调整为基本特征的家庭联产承包责任制成为经济体制改革的起点上；同时表现在经济体制改革过程中，收入分配制度不断变革并成为推动改革的重要动力上；经济改革过程中收入分配状况的变动也成为促进收入分配制度调整的现实动因。

一、全国居民收入基尼系数

改革开放之前我国收入分配奉行的是平均主义，1982 年的基尼系数仅为 0.3 左右。伴随着改革开放和市场化改革的推进，我国居民的收入分配差距不断拉大，根据国家统计局发布的课题报告，2000 年就已经超过了国际公认的 0.4 警戒线，达到了 0.412，2008 年基尼系数达到了 0.491 的峰值，虽然 2016 年的基尼系数下降到了 0.465，但仍然高于国际警戒线。基尼系数一直在高位运行。尽管改革开放以来我国居民收入增长较快，但应该看到，收入分配差距不断拉大的情况普遍存在于城镇居民与农村居民之间、东部沿海地区与内陆省份之间、高附加值行业与基础建设行业之间。

国际上通用的用于衡量收入分配不均程度的指标是基尼系数。使用不同的收入概念、抽样方法、测算方法和数据处理手段，得到的基尼系数很不一致。比如，2010 年西南财经大学的研究中称我国居民收入基尼系数为 0.61。美国密歇根大学谢宇教授所带领的研究团队利用中国家庭跟踪调查项目数据编写的《中国民生发展报告（2013）》称，2012 年中国居民家庭收入基尼系数为 0.49。但是，谢宇和周翔在美国刊物上发表文章却称，2012 年中国居民家庭收入基尼系数为 0.532（用购买力平价调整为 0.526）。世界银行用购买力平价调整后的分组收入数据测算，2007 年中国居民收入基尼系数为 0.425。上述结果中，有些在收入概念、抽样方法和测算方法上存在明显缺陷，导致高收入户和低收入户比例偏大，结果失实；有些使用同一套数据，却得出不同的结果和观点。因此，对这些结论需要慎重看待。

基尼系数的测算应基于收入口径规范统一、调查内容全面详细、调查对象覆盖完整的居民收入基础数据。国家统计局每年都对十几万住户开展收支调查，但在 2012 年前未正式发布全国居民收入基尼系数，主要原因是城乡居民收入口径不完全可比、城镇调查样本中高收入群体比重偏低和农民工在外消费的收入调查不完整。如果对上述问题不加处理，会造成直接计算的收入基尼系数偏低。2012 年，国家统计局进行城乡住户调查一体化改革，建立了城乡统一的收入指标体系，抽选了城乡统一的调查样本。结合摸底调查得到的基本信息、农民工专项调查数据以及个人所得税收资料等，国家统计局对历年城乡居民收入分户调查数据进行口径调整，基本能够客观反映我国居民收入分配状况（见表 2 - 1）。

表 2 - 1　　　　　　　　　　1988 ~ 2006 年全国居民收入基尼系数

年份	基尼系数	年份	基尼系数	年份	基尼系数
1988	0.341	1996	0.375	1999	0.397
1990	0.343	1997	0.379	2000	0.417
1995	0.389	1998	0.386	2001	0.440

年份	基尼系数	年份	基尼系数	年份	基尼系数
2002	0.435	2007	0.484	2012	0.474
2003	0.479	2008	0.491	2013	0.473
2004	0.473	2009	0.490	2014	0.469
2005	0.485	2010	0.481	2015	0.462
2006	0.487	2011	0.477	2016	0.465

注：2002 年前后统计口径发生了较大改变，2002 年后对城镇高收入户比例过低问题进行了校准，结果更准确。

资料来源：历年《中国住户调查年鉴》。

由表 2-1 可知，改革开放以来，在居民收入大幅度提高的同时，我国基尼系数呈先升后降的变化趋势。1988 年全国基尼系数为 0.341，2000 年为 0.417，首次突破国际公认的警戒线，2008 年达到最高位 0.491，2009 年基本持平，之后连续下降，2015 年进一步下降到 0.462，与 2015 年相比，2016 年稍微上升了一点，为 0.465。

二、基尼系数高的原因分析

我国居民收入基尼系数高主要有三方面的原因，首先是历史原因，自古以来我国就是一个农业大国，地域广阔，地区间差距不可避免地存在。新中国成立之后，计划经济体制下重点发展重工业城市，进一步加大了城乡和区域差距。其次是政策因素，户籍制度加大了劳动力要素在城乡之间的流动难度，近年来这一情况有所改善，但仍然存在着农村劳动力进城务工不公正待遇的情况。改革开放优先发展城市经济，优先开放东部沿海地区，这进一步地加大了城乡居民收入差距，东部沿海地区和内陆省份收入差距。最后是体制改革滞后问题，改革开放后我国实行以按劳分配为主体，多种分配方式并存的分配方式，在某些行业或单位内部分配方式仍然以平均主义为主，但在其他行业或部门则存在着依靠资源占有权获得畸高收入的情况。同时新旧体制改革接轨不可避免地存在法制政策不健全不完善的地方，这也使部分人获得了较高收入，与此同时，我国收入保障制度并没有完全建立起来，加大了居民间收入分配的差距。

可喜的是，近年来我国基尼系数呈逐年下降态势，2016 年稍微有点上升，但这并没有改变总体下降的趋势。这与同期的城乡居民收入差距、地区收入差距逐步缩小趋势基本吻合，与农民工规模扩大、工资上升，以及粮食产量增加、价格上涨等带来农村居民收入快速增长的趋势一致，也是国家出台多项惠民政策、完善社会保障体系、不断扩大中低收入群体收入水平、努力调整收入分配格局效果的直接体现。

第二节　城乡居民的收入水平比较分析

一、城乡居民内部的收入水平比较

（一）收入来源比较

为了分析城镇居民内部收入差距形成的原因，我们首先需要对城镇居民收入来源进行分解。"城镇居民的收入来源主要有工薪收入、家庭经营性收入、财产性收入、转移性收入；工薪收入，是指劳动者在一定时期内从生产经营单位以货币工资、实务工资等形式获得的报酬。家庭经营性收入，是指居民以家庭为生产经营单位从事生产经营活动而获得的收入；财产性收入，是指居民将拥有的金融资产或有形非生产性资产提供给其他机构单位或个人供其支配，作为回报而从中获得的收入，如居民储蓄利息收入、出租房屋收入、购买国债的利息收入、购买股票的收益等；转移性收入是指居民无偿得到的各种收入，如养老金或离退休金收入、低保收入等"①。

从表 2-2 可以看出，我国城镇居民人均收入水平一直保持着快速增长，从 2000 年的 6295.9 元上升到 2013 年的 29547 元，同时四类收入来源也分别实现了不同程度的增长。其中工资性收入从 2000 年的 4480.5 元上涨到 2013 年的 18930 元，实现了 3.22 倍的增长，虽然增速不是四类收入中最快的，但由于工资收入基数大，工资收入在 2013 年仍然是收入来源中占比最大的，占到了 64%。家庭经营性收入方面，从 2000 年的 246.24 元上涨到 2013 年的 2797.1 元，实现了 10.36 倍的增长，是四类收入来源中增速最快的，其在 2013 年收入来源中占比达到了 9%。转移性收入从 2000 年的 1440.8 元上涨到 2013 年的 7010.3 元，实现了 3.57 倍的增长，转移性收入在 2013 年收入来源中占比 24%，是排第二位的收

---

① 于国安，曲永义. 收入分配问题研 [M]. 北京：经济科学出版社，2008：141-145.

入来源。城镇居民财产性收入在收入来源中的占比一直是最小的，在 2013 年占比 3%，从 2000 年的 128.38 元上涨到 2013 年的 809.88 元，值得注意的是财产性收入的增速是排在第二位的收入来源，期间实现了 5.31 倍的增长。

表 2 – 2   2000～2013 年城镇居民人均收入构成   单位：元

年份	工资收入 （占比）	家庭经营性收入 （占比）	转移性收入 （占比）	财产性收入 （占比）	城镇居民 人均收入
2000	4480.5 （71.17％）	246.24 （3.91％）	1440.8 （22.88％）	128.38 （2.04％）	6295.9
2001	4829.9 （70.32％）	274.05 （3.99％）	1630.4 （23.74％）	134.62 （1.96％）	6868.9
2002	5740 （70.19％）	332.16 （4.06％）	2003.2 （24.50％）	102.12 （1.25％）	8177.4
2003	6410.2 （70.74％）	403.82 （4.46％）	2112.2 （23.31％）	134.98 （1.49％）	9061.2
2004	7152.8 （70.62％）	493.87 （4.88％）	2320.7 （22.91％）	161.15 （1.59％）	10129
2005	7797.5 （68.88％）	679.62 （6.00％）	2650.7 （23.41％）	192.91 （1.70％）	11321
2006	8767 （68.93％）	809.56 （6.36％）	2898.7 （22.79％）	244.01 （1.92％）	12719
2007	10235 （68.65％）	940.72 （6.31％）	3384.6 （22.70％）	348.53 （2.34％）	14909
2008	11299 （66.20％）	1453.6 （8.52％）	3928.2 （23.01％）	387.02 （2.27％）	17068
2009	12382 （65.66％）	1528.7 （8.11％）	4515.4 （23.94％）	431.84 （2.29％）	18858
2010	13708 （65.17％）	1713.5 （8.15％）	5091.9 （24.21％）	520.33 （2.47％）	21033
2011	15412 （64.27％）	2209.7 （9.22％）	5708.6 （23.81％）	649 （2.71％）	23979
2012	17336 （64.31％）	2548.3 （9.45％）	6368.1 （23.62％）	707 （2.62％）	26959
2013	18930 （64.07％）	2797.1 （9.47％）	7010.3 （23.73％）	809.88 （2.74％）	29547

资料来源：历年《中国统计年鉴》。

与城镇居民收入来源分类相似，农村居民收入来源可以分为四种：工资性收入、财产性收入、转移性收入、家庭经营性收入。"工资性收入，是指农村住户的成员受雇于单位或个人、提供劳动而获得的收入；财产性收入包括租金收入、转让承包土地经营权收入、集体合股经营分配得到的股息和红利收入等；转移性收入，是指农村住户和住户成员无偿得到的各种收入，包括家庭非常住人口寄回带回收入、离退休金及养老金以及退耕还林还草补贴等；家庭经营性收入，是指农村住户以家庭为单位进行生产经营活动而获得的收入。包括农户家庭从事第一产业生产经营活动而获得的收入和从事第二、第三产业生产经营活动获得的收入"[①]。其中财

---

① 于国安，曲永义. 收入分配问题研究 [M]. 北京：经济科学出版社，2008：141 – 145.

产性收入和转移性收入由于总数小，占比低以及历史统计的原因，我们将其合并计算。

从表 2 - 3 和 2 - 4 中可以看出，我国农村居民人均收入实现大幅度的增长，年收入总额从 1990 年的 686. 31 增长到了 2012 年的 7916. 6 元。其中家庭经营性收入作为占比最高的收入来源，期间实现了 5. 81 倍的增长，从 1990 年的 518. 55 元增长到了 2012 年的 3533. 4 元，在 2012 年的收入占比中达到了 45%。同时我们发现工资性收入在收入来源中的占比也不断增高，2012 年的收入占比达到了 44%，而家庭经营性收入方面则是占比不断下降的一个趋势，可以相信在不久的未来工资性收入将成为农村居民收入来源中占比最大的部分。在转移性和财产性收入方面，虽然占比一直最小，但是增速却是三类中最快的，1990 ~ 2012 年实现了 31. 31 倍的增长，这与我国不断加大对农村的二次分配、多途径多方式实现农村居民增收的举措是分不开的。

表 2 - 3　　　　　　　　1990 ~ 2012 年农村居民人均纯收入构成　　　　　　　单位：元

年份	农村居民人均纯收入	工资性收入	转移性和财产性收入	家庭经营性收入	年份	农村居民人均纯收入	工资性收入	转移性和财产性收入	家庭经营性收入
1990	686. 31	138. 8	28. 96	518. 55	2002	2475. 6	840. 22	148. 87	1486. 5
1991	708. 55	151. 92	33. 04	523. 59	2003	2622. 2	918. 38	162. 58	1541. 3
1992	783. 99	184. 38	38. 04	561. 57	2004	2936. 4	998. 46	192. 15	1745. 8
1993	921. 62	194. 51	48. 63	678. 48	2005	3254. 9	1174. 5	235. 87	1844. 5
1994	1221	262. 98	76. 15	881. 85	2006	3587	1374. 8	281. 28	1931
1995	1577. 7	353. 7	98. 25	1125. 8	2007	4140. 4	1596. 2	350. 47	2193. 7
1996	1926. 1	450. 84	112. 78	1362. 4	2008	4760. 6	1853. 7	471. 32	2435. 6
1997	2090. 1	514. 55	102. 86	1472. 7	2009	5153. 2	2061. 2	565. 15	2526. 8
1998	2162	573. 58	122. 4	1466	2010	5919	2431	655. 16	2832. 8
1999	2210. 3	630. 26	131. 72	1448. 4	2011	6977. 3	2963. 4	791. 9	3222
2000	2253. 4	702. 3	123. 85	1427. 3	2012	7916. 6	3447. 5	935. 75	3533. 4
2001	2366. 4	771. 9	134. 87	1459. 6	—	—	—	—	—

资料来源：历年《中国统计年鉴》。

结合城乡居民收入来源的数据和各自的收入比例数据（见表 2 - 4），我们发现城镇居民的主要收入来源是工资性收入，2009 年以前，农村居民主要收入来源是家庭经营性收入，2009 年开始，工资性收入和家庭经营性收入并重，一并成为农村居民的主要收入来源。从各部分占比情况看，城镇居民可支配收入中工资收入和家庭经营性收入占整个家庭可支配收入的 70% 以上，而农村居民的纯收入中，这两项收入占到整个家庭纯收入的 85% 以上，这也是拉大城乡居民收入差距的首要影响因素。从转移支付情况来看，城镇居民获得的转移性收入占可支配收入的 20% 以上，而农村居民这一项的收入占纯收入的比例还不到 10%，城镇居民要远远超过农村居民，这也是导致城乡居民收入差距的一个因素。从财产性收入来看，所占的比例都比较小，并没有多大的差别，但是由于城镇居民的收入基数较大，两者的绝对差还是很大，因此在缩小城乡居民收入差距的探索中，也要注意增加农民的财产性收入。

表 2 - 4　　　　　　2000 ~ 2013 年城乡居民收入差距按来源划分所占比例

年份	城镇居民				农村居民		
	工资收入占比	家庭经营性收入占比	转移性收入占比	财产性收入占比	工资性收入占比	转移性和财产性收入占比	家庭经营性收入占比
2000	0.71	0.04	0.23	0.02	0.31	0.05	0.63
2001	0.70	0.04	0.24	0.02	0.33	0.06	0.62
2002	0.70	0.04	0.24	0.01	0.34	0.06	0.60
2003	0.71	0.04	0.23	0.01	0.35	0.06	0.59
2004	0.71	0.05	0.23	0.02	0.34	0.07	0.59
2005	0.69	0.06	0.23	0.02	0.36	0.07	0.57
2006	0.69	0.06	0.23	0.02	0.38	0.08	0.54
2007	0.69	0.06	0.23	0.02	0.39	0.08	0.53
2008	0.66	0.09	0.23	0.02	0.39	0.10	0.51
2009	0.66	0.08	0.23	0.02	0.40	0.11	0.49
2010	0.65	0.08	0.24	0.02	0.41	0.11	0.48
2011	0.64	0.09	0.24	0.03	0.42	0.11	0.46
2012	0.64	0.09	0.24	0.03	0.44	0.12	0.45
2013	0.64	0.09	0.24	0.03	—	—	—

资料来源：根据表 2 - 3 的数据计算得出。

（二）不同收入阶层人均收入和基尼系数比较

国家统计局对城镇居民家庭收入进行了分层，其中最低的两个层次和最高的两个层次都占比10%，而中间的三个层次个各占比20%，如表2-5所示。

表2-5　　　　1985～2012年主要年份城镇不同收入阶层的人均可支配收入　　　单位：元

年份	1985	1990	1995	2000	2005	2008	2009	2010	2011	2012
最低收入户	437.4	761.16	1923.8	2653	3134.9	4753.6	5253.2	5948.1	7819.4	9209.5
低收入户	546.72	968.64	2505.7	3633.5	4885.3	7363.3	8162.1	9285.2	11751	13725
中等偏下户	632.88	1144.4	3040.9	4623.5	6710.6	10196	11244	12702	15881	18375
中等收入户	737.28	1351.7	3698.4	5897.9	9190	13984	15400	17224	21440	24531
中等偏上户	861.96	1598.3	4512.2	7487.4	12603	19254	21018	23189	29059	32759
高收入户	1012.3	1889.5	5503.7	9434.2	17203	26250	28386	31044	39216	43471
最高收入户	1276.2	2447.9	7538	13311	28773	43614	46826	51432	64461	69877
最高收入户与最低收入户之差	838.8	1686.74	5614.2	10658	25638.1	38860.4	41572.8	45483.9	56641.6	60667.5
最高收入户与最低收入户之比	2.92	3.22	3.92	5.02	9.18	9.17	8.91	8.65	8.24	7.59
基尼系数	0.15	0.16	0.21	0.25	0.36	0.36	0.35	0.34	0.34	0.33

资料来源：根据历年《中国统计年鉴》相关数据计算整理而来。

根据表2-5测算，可以发现2012年最低收入户的人均可支配收入在1985年的基础上增长了20.06倍，低收入户则增长了24.10倍，中等偏下收入户增长了28.03倍，中等收入户增长了32.27倍，中等偏上收入户增长了37.01倍，高收入户增长了41.94倍，最高收入户增长了53.76倍。换言之，7个收入阶层的收入增长幅度都不同，而且越高阶层的居民收入增长越多，直接结果是居民收入差距不断拉大。从绝对值来看，1985年最高收入户和最低收入户的收入差为838.8元，这一数字在2012年则达到了60667.5元，增长了71.33倍。1985年收入差绝对值是最低收入户收入的1.92倍，而2012年收入差绝对值是最低收入户收入的6.59倍。

图2-1进一步揭示了城镇居民中最高收入户与最低收入户之间的收入差距情况，可以看出这一比值在1985年位于3附近，之后一直呈上升的态势，到

2005 年达到了 9. 18 的峰值，虽然之后的年份略有下降，但仍保持在 8 附近。这一收入差距是我们必须要正视和寻找解决办法的。

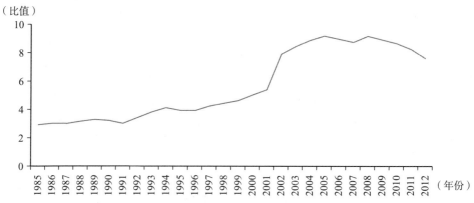

（比值）

（年份）

图 2 - 1   1985 ~ 2012 年城镇最高收入户与最低收入户人均可支配收入之比

资料来源：根据表 2 - 5 的数据计算得出。

在农村居民内部，收入差距的问题也越来越显现，2012 年华中师范大学发布的《中国农民经济状况报告》中指出 2011 年农村居民基尼系数达到了 0. 3949，已经非常接近 0. 4 的国际警戒线，必须要引起我们的高度重视。国家统计局对于农村居民家庭收入分层情况如表 2 - 6 所示。

表 2 - 6   **2000 ~ 2013 年农村不同收入阶层人均纯收入情况**   单位：元

年份	2000	2002	2004	2006	2008	2010	2011	2012	2013
低收入户	802	857. 13	1007	1182. 5	1499. 8	1869. 8	2001	2316. 2	2583. 2
中低收入户	1440	1547. 5	1842. 2	2222	2935	3621. 2	4256	4807. 5	5516. 4
中等收入户	2004	2164. 1	2578. 6	3148. 5	4203. 1	5221. 7	6208	7041	7942. 1
中高收入户	2767	3030. 4	3608	4446. 6	5928. 6	7440. 6	8894	10142	11373
高收入户	5190	5895. 6	6930. 6	8474. 8	11290	14050	16783	19008. 8	21272. 7
高收入户与 低收入户之差	4388	5038. 47	5923. 6	7292. 3	9790. 2	12180. 2	14782	16692. 6	18689. 5
高收入户与 低收入户之比	6. 47	6. 88	6. 88	7. 17	7. 53	7. 51	8. 39	8. 21	8. 24
基尼系数	0. 33	0. 34	0. 34	0. 35	0. 35	0. 35	0. 36	0. 36	0. 36

资料来源：根据历年《中国统计年鉴》相关数据计算整理而来。

从表 2-6 中可以看出，我国农村居民的收入水平都得到了不同程度的增长，但是我们注意到高收入户与低收入户的收入差值呈现不断扩大的趋势，从 2000 年的 4388 元增长到了 2013 年的 18689.5 元。收入水平层次越高的农村居民收入在 2000~2013 年期间也获得了越大的增长。农村居民中高收入户与低收入户之间的收入之比呈现出缓慢的增大趋势，2013 年已经稳定在 8 以上，而基尼系数则是从 2000 年的 0.33 左右上升到了 2013 年的 0.36 左右。

二、不同发展时期的城乡居民收入水平比较

前面提到我国城乡居民收入差距的问题有三大原因，长久以来的户籍制度和经济政策造成了我国社会经济二元结构的特点。根据《中国统计年鉴》的相关数据可知，城乡居民收入之差在不考虑通胀因素情况下由 1978 年的 209.8 元上升到了 2015 年的 21018 元。

根据城乡居民人均收入和相应的年均人口数，可以测算出城乡居民收入总量。从表 2-7 中的数据可以看出，除 1985 年、1990 年、1995 年和 1996 年外，城镇居民收入总量在居民收入总量中的比例是持续上升的，并于 1993 年首次超过农村居民收入占比，而除上述年份外，农村居民收入总量在居民收入总量中的比例则是持续下降的。2015 年城镇居民收入占比为 79%，比 1978 年上升了 43.3 个百分点；农村居民收入比例为 21%，比 1978 年降低了 43.3 个百分点。究其原因，一是城镇居民收入增长在多数年份都快于农村居民收入增长，二是随着城镇化进程加快，城镇人口比重稳步上升而农村居民人口比重稳步下降。

表 2-7　　　　　　　　　　1978~2015 年城乡居民收入总量

年份	总量（亿元）	城镇（亿元）	农村（亿元）	构成（%）	
				城镇	农村
1978	1633	582	1051	35.7	64.3
1980	2416	899	1517	37.2	62.8
1985	5018	1815	3203	36.2	63.8
1989	8982	4003	4978	44.6	55.4
1990	10251	4510	5741	44.0	56.0
1991	11199	5220	5979	46.6	53.4
1992	13071	6422	6649	49.1	50.9

续表

年份	总量（亿元）	城镇（亿元）	农村（亿元）	构成（%）	
				城镇	农村
1993	16271	8421	7849	51.8	48.2
1994	22213	11772	10441	53.0	47.0
1995	28389	14850	13539	52.3	47.7
1996	31992	15521	16471	48.5	51.5
1997	37492	19803	17689	52.8	47.2
1998	40075	21987	18088	54.9	45.1
1999	43240	24984	18256	57.8	42.2
2000	46502	28151	18351	60.5	39.5
2001	51208	32230	18979	62.9	37.1
2002	57383	37850	19533	66.0	34.0
2003	63791	43457	20334	68.1	31.9
2004	72643	50245	22398	69.2	30.8
2005	82423	57971	24452	70.3	29.7
2006	93814	67323	26491	71.8	28.2
2007	111918	81971	29947	73.2	26.8
2008	130856	97080	33775	74.2	25.8
2009	144888	108986	35902	75.2	24.8
2010	165899	125635	40264	75.7	24.3
2011	194687	148369	46318	76.2	23.8
2012	223683	172273	51410	77.0	23.0
2013	251042	194471	56571	77.5	22.5
2014	281309	220111	61198	78.2	21.8
2015	310159	245154	65005	79.0	21.0

资料来源：根据历年《中国统计年鉴》相关数据计算整理而来。

表2-8为城乡居民人均收入差距情况，1978～1985年是城乡居民收入差距迅速缩小的阶段，农村家庭联产承包责任制的实行调动了广大农民的积极性，农村改革和政策调整带来了农民收入的快速增长。而同期城市经济改革还未展开，

城乡居民收入之比从 1978 年的 2.57 缩小到了 1985 年的 1.86。

表 2 − 8　　　　　　　　**1978 ~ 2015 年城乡居民人均收入差距**　　　　　单位：元

年份	人均收入		城乡居民收入相对差 现价	城乡居民收入绝对差 现价
	城镇	农村		
1978	343	134	2.57	210
1980	478	191	2.50	286
1985	739	398	1.86	342
1990	1510	686	2.20	824
1991	1701	709	2.40	992
1992	2027	784	2.58	1243
1993	2577	922	2.80	1656
1994	3496	1221	2.86	2275
1995	4283	1587	2.71	2705
1996	4839	1926	2.51	2913
1997	5160	2090	2.47	3070
1998	5425	2162	2.51	3263
1999	5854	2210	2.65	3644
2000	6280	2253	2.79	4027
2001	6860	2366	2.90	4493
2002	7703	2476	3.11	5227
2003	8472	2622	3.23	5850
2004	9422	2936	3.21	6485
2005	10493	3255	3.22	7238
2006	11760	3587	3.28	8173
2007	13786	4140	3.33	9645
2008	15781	4761	3.31	11020
2009	17175	5153	3.33	12022
2010	19109	5919	3.23	13190
2011	21810	6977	3.13	14833
2012	24565	7917	3.10	16648

续表

年份	人均收入		城乡居民收入相对差现价	城乡居民收入绝对差现价
	城镇	农村		
2013	26955	8896	3.03	18059
2014	29381	9892	2.97	19489
2015	31790	10772	2.95	21018

资料来源：根据历年《中国统计年鉴》相关数据计算整理而来。

1984～1994年城乡居民收入差距逐渐拉大，这期间城市经济体制改革全面展开，城镇居民的收入有了快速的增长，而农村经济方面由于劳动力增加和生产资料价格上涨，农村居民收入增长缓慢，两个因素结合使得城乡居民收入之比从1984年的1.84上升到了1994年的2.86。

1995～1997年，城乡居民收入出现了逐渐缩小的态势，主要原因是三年间我国经济进入了"软着陆"时期，同时乡镇企业发展突出，农副产品的价格大幅提高，使农村居民的收入有了较大增长。这一阶段，城乡居民收入之比从1995年的2.71下降到1997年的2.47。

1998～2009年，这一时期城乡居民收入之比又再一次拉大，城市经济随着改革不断推进效果显现，而同时期农村地区由于乡镇企业经济效益下降等问题导致农村居民收入增长缓慢，从2005年开始，国家加大了对农村地区的政策扶持，减免农业税，发放种粮补贴，提高农产品收购最低价等在一定程度上减缓了收入差距拉大的速度。即便如此，城乡居民收入之比还是在2007年和2009年达到了3.33的高峰。

2010～2015年是城乡居民收入差距缓慢缩小的阶段，中央政府在多个重要文件中都将增加农民收入作为重要的政府工作方向。同时提出了多项可实际实施的措施，例如培育高附加值的农副产品，拓展农产品产业链等。在"十二五"规划中提出了农民收入倍增规划，注重培养农民的劳动技能，完善农村社会保障体系，想办法让农村土地资源增值，多种政策规划都显示了政府增加农村居民收入的决心。这一期间城乡居民收入之比从2010年的3.23下降到2015年的2.95。

三、不同区域的城乡居民收入水平比较

利用全国层面的时间序列数据对城乡居民收入差距进行比较，只能从纵向的角度描述我国城乡居民两大群体的收入差距变化情况，并不能反映各群体内部的

收入差距变化，也不能反映不同地区之间的收入差距变动情况。众所周知，由于历史和地理原因，我国幅员辽阔，地区经济发展水平差异较大，区域之间异质性明显，总体来说东部沿海地区较为发达，西部内陆地区较为落后，因此有必要从区域角度来分析我国城乡居民收入差距变化情况。由于西藏相关数据的缺失，本书最终选择了除西藏之外的 30 个省级行政区作为比较样本。考虑到在 1997 年之前重庆和四川的数据一直是合并在一起，直到 1998 年重庆才正式成为直辖市，因此关于城乡居民收入差距基尼系数也是从 1998 年开始计算。我们对东部地区、中部地区和西部地区的城乡居民收入差距进行了分析，见表 2 – 9 至表 2 – 13。

表 2 – 9 是 1998 ~ 2015 年三大区域的城乡居民收入差距情况，结合表 2 – 10、表 2 – 11、表 2 – 12、表 2 – 13 各省份的城乡居民收入差距现状可以看出基尼系数的变化。第一，从各省城镇居民收入基尼系数来看：（1）1998 ~ 2007 年我国城镇居民收入差距一直呈增长的趋势，2008 受全球金融危机的影响，我国城镇居民收入差距连续 3 年呈现下降的趋势，2011 年城镇居民收入差距开始扩大，2014 年达到最大值 0.311，2015 年开始有所缩小。（2）分地区来看，1998 ~ 2015 年我国城镇居民收入基尼系数从高到低分别是西部、东部和中部，分别为 0.293、0.287 和 0.286。西部地区历来是我国城乡居民收入差距较高的地区，其中青海、陕西和宁夏三个地区城镇居民收入基尼系数均值最高，分别达到 0.318、0.314 和 0.306，因此这三个省份将是未来缩小城乡居民收入差距的重要突破口；东部地区的城镇居民收入基尼系数最大的是广东省，达到 0.320，其次是福建和江苏；中部地区是我国的农业大省，城镇居民收入基尼系数相对较小。第二，从各省农村居民收入基尼系数来看：（1）1998 ~ 2015 年我国农村居民收入基尼系数跟城镇居民收入基尼系数变化较为一致，呈现出先增后减的波浪式变动趋势；（2）分地区来看，农村居民收入基尼系数从高到低分别是西部、中部和东部，分别为 0.320、0.302 和 0.299。其中，西部地区农村居民收入基尼系数最高的三个省份分别是新疆、青海和宁夏，达到了 0.378、0.363 和 0.360；中部地区达到 0.330 以上的仅有山西和黑龙江两个省；东部地区浙江和天津的基尼系数相对较高，达到了 0.342 和 0.332。第三，从各省总体居民收入基尼系数来看：（1）1998 ~ 2008 年我国各省总体居民收入基尼系数一直呈上升的趋势，2008 年达到最大值 0.403；此后收入差距开始在波动中缓慢下降；（2）分地区来看，各省总体居民收入基尼系数从高到低分别是西部、中部和东部，分别为 0.431、0.381 和 0.349。其中，西部地区 11 个省份中基尼系数超过 0.400 警戒值的有 10 个省，仅四川省基尼系数为 0.388 在警戒值以下；中部地区仅有山西和湖南两个省超过了 0.400 的警戒值；东部地区基尼系数大于 0.400 的有海南和广东两个省。第四，

表2-9 1998~2015年不同区域的城乡收入差距比较

年份	各省份城镇居民收入基尼系数				各省份农村居民收入基尼系数				各省份总体居民收入基尼系数				各省份城乡居民收入比			
	全国	东部	中部	西部	全国	东部	中部	西部	全国	东部	中部	西部	全国	东部	中部	西部
1998	0.237	0.234	0.233	0.242	0.285	0.272	0.278	0.303	0.325	0.299	0.313	0.363	2.316	2.066	2.185	2.709
1999	0.243	0.238	0.246	0.247	0.300	0.305	0.285	0.307	0.343	0.315	0.332	0.381	2.552	2.188	2.344	3.165
2000	0.259	0.250	0.257	0.270	0.313	0.306	0.312	0.322	0.366	0.324	0.359	0.419	2.675	2.273	2.486	3.321
2001	0.265	0.258	0.268	0.271	0.319	0.308	0.317	0.331	0.377	0.334	0.370	0.431	2.795	2.349	2.594	3.514
2002	0.293	0.281	0.285	0.311	0.318	0.306	0.319	0.328	0.388	0.341	0.387	0.443	2.907	2.419	2.779	3.611
2003	0.287	0.288	0.278	0.292	0.323	0.310	0.330	0.331	0.397	0.351	0.399	0.447	3.010	2.516	2.926	3.677
2004	0.290	0.299	0.279	0.288	0.313	0.303	0.314	0.323	0.391	0.355	0.381	0.440	2.994	2.539	2.830	3.677
2005	0.296	0.301	0.294	0.293	0.308	0.294	0.318	0.314	0.399	0.360	0.401	0.441	3.008	2.547	2.891	3.657
2006	0.297	0.302	0.291	0.295	0.306	0.292	0.316	0.312	0.403	0.361	0.404	0.448	3.067	2.605	2.922	3.741
2007	0.305	0.324	0.291	0.298	0.304	0.293	0.315	0.307	0.402	0.363	0.402	0.446	3.070	2.625	2.913	3.728
2008	0.304	0.303	0.300	0.308	0.304	0.295	0.312	0.306	0.403	0.367	0.400	0.445	3.043	2.645	2.847	3.672
2009	0.301	0.299	0.300	0.303	0.308	0.295	0.306	0.324	0.400	0.362	0.397	0.445	3.065	2.665	2.885	3.685
2010	0.295	0.289	0.297	0.301	0.300	0.293	0.281	0.320	0.389	0.355	0.382	0.433	2.957	2.611	2.764	3.519
2011	0.304	0.298	0.303	0.310	0.299	0.297	0.273	0.323	0.392	0.357	0.387	0.436	2.851	2.516	2.663	3.395
2012	0.309	0.303	0.309	0.314	0.306	0.303	0.283	0.328	0.397	0.364	0.390	0.440	2.826	2.500	2.645	3.352
2013	0.313	0.307	0.315	0.318	0.313	0.309	0.297	0.330	0.400	0.365	0.393	0.443	2.625	2.401	2.451	3.018
2014	0.311	0.304	0.313	0.316	0.312	0.307	0.295	0.329	0.399	0.364	0.393	0.441	2.572	2.358	2.400	2.950
2015	0.304	0.297	0.306	0.309	0.306	0.301	0.289	0.323	0.393	0.358	0.388	0.434	2.560	2.342	2.399	2.934
均值	0.289	0.287	0.286	0.293	0.307	0.299	0.302	0.320	0.386	0.349	0.381	0.431	2.818	2.448	2.652	3.392

注：所有均值均为几何平均数。

表2—10 1998～2015年各省份城镇居民收入基尼系数

年份	北京	天津	河北	山西	内蒙古	辽宁	吉林	黑龙江	上海	江苏	浙江	安徽	福建	江西	山东	河南	湖北	湖南	广东	广西	海南	重庆	四川	贵州	云南	陕西	甘肃	青海	宁夏	新疆
1998	0.201	0.252	0.226	0.252	0.283	0.235	0.239	0.239	0.222	0.229	0.255	0.23	0.263	0.208	0.223	0.219	0.245	0.233	0.245	0.243	0.233	0.203	0.233	0.24	0.24	0.311	0.165	0.238	0.255	0.283
1999	0.198	0.255	0.22	0.272	0.284	0.238	0.235	0.243	0.224	0.25	0.265	0.265	0.259	0.225	0.228	0.229	0.264	0.242	0.242	0.248	0.245	0.223	0.242	0.238	0.252	0.325	0.173	0.242	0.265	0.254
2000	0.212	0.262	0.23	0.273	0.302	0.244	0.24	0.268	0.206	0.265	0.285	0.252	0.278	0.241	0.245	0.261	0.244	0.282	0.253	0.282	0.287	0.25	0.277	0.233	0.249	0.373	0.236	0.235	0.278	0.278
2001	0.226	0.287	0.233	0.276	0.245	0.252	0.25	0.304	0.235	0.278	0.258	0.247	0.295	0.242	0.24	0.261	0.251	0.326	0.26	0.28	0.284	0.292	0.285	0.254	0.243	0.356	0.245	0.258	0.279	0.26
2002	0.25	0.294	0.234	0.276	0.255	0.313	0.31	0.325	0.221	0.355	0.271	0.267	0.325	0.261	0.269	0.267	0.252	0.332	0.313	0.27	0.275	0.535	0.342	0.338	0.279	0.343	0.246	0.289	0.299	0.301
2003	0.228	0.298	0.247	0.278	0.318	0.284	0.287	0.321	0.286	0.337	0.285	0.275	0.327	0.27	0.277	0.272	0.255	0.272	0.365	0.269	0.265	0.271	0.31	0.33	0.255	0.32	0.258	0.322	0.292	0.281
2004	0.258	0.305	0.254	0.28	0.293	0.289	0.291	0.315	0.295	0.351	0.311	0.27	0.326	0.269	0.276	0.276	0.255	0.282	0.358	0.285	0.288	0.298	0.32	0.289	0.279	0.295	0.26	0.273	0.294	0.288
2005	0.252	0.315	0.261	0.281	0.285	0.333	0.335	0.338	0.295	0.345	0.311	0.259	0.325	0.266	0.265	0.281	0.262	0.345	0.352	0.271	0.279	0.301	0.301	0.309	0.321	0.272	0.267	0.287	0.314	0.299
2006	0.244	0.305	0.262	0.279	0.281	0.33	0.336	0.332	0.296	0.343	0.315	0.245	0.328	0.262	0.264	0.269	0.276	0.345	0.349	0.305	0.311	0.289	0.307	0.297	0.319	0.274	0.275	0.317	0.319	0.272
2007	0.251	0.296	0.255	0.283	0.261	0.332	0.339	0.329	0.287	0.346	0.316	0.252	0.331	0.258	0.583	0.268	0.274	0.345	0.345	0.311	0.315	0.291	0.3	0.308	0.318	0.28	0.298	0.324	0.324	0.269
2008	0.271	0.289	0.275	0.288	0.306	0.329	0.326	0.343	0.287	0.327	0.321	0.284	0.345	0.254	0.259	0.278	0.295	0.345	0.35	0.29	0.299	0.284	0.295	0.309	0.318	0.29	0.304	0.378	0.321	0.303
2009	0.267	0.281	0.274	0.29	0.294	0.312	0.31	0.331	0.279	0.333	0.322	0.28	0.343	0.265	0.268	0.281	0.306	0.345	0.343	0.285	0.286	0.276	0.294	0.309	0.316	0.284	0.307	0.368	0.316	0.294
2010	0.251	0.275	0.271	0.293	0.293	0.311	0.312	0.314	0.265	0.33	0.315	0.284	0.303	0.255	0.259	0.274	0.316	0.345	0.337	0.274	0.279	0.273	0.271	0.304	0.296	0.322	0.295	0.379	0.32	0.298
2011	0.262	0.281	0.279	0.287	0.302	0.319	0.324	0.321	0.298	0.332	0.321	0.298	0.311	0.267	0.268	0.281	0.315	0.345	0.339	0.279	0.283	0.281	0.285	0.303	0.319	0.328	0.31	0.383	0.329	0.302
2012	0.271	0.288	0.289	0.294	0.309	0.32	0.329	0.324	0.301	0.329	0.325	0.298	0.315	0.291	0.281	0.284	0.312	0.345	0.341	0.285	0.288	0.298	0.287	0.31	0.321	0.325	0.315	0.381	0.331	0.304
2013	0.277	0.291	0.304	0.311	0.311	0.320	0.329	0.327	0.300	0.301	0.326	0.301	0.319	0.305	0.299	0.285	0.318	0.345	0.342	0.294	0.299	0.301	0.298	0.311	0.325	0.329	0.316	0.384	0.333	0.307
2014	0.274	0.286	0.304	0.308	0.312	0.322	0.328	0.328	0.292	0.299	0.323	0.298	0.316	0.308	0.296	0.284	0.316	0.342	0.345	0.292	0.298	0.298	0.297	0.31	0.323	0.327	0.312	0.381	0.33	0.301
2015	0.268	0.28	0.295	0.302	0.302	0.311	0.32	0.318	0.285	0.292	0.317	0.292	0.311	0.296	0.292	0.279	0.309	0.336	0.336	0.288	0.291	0.292	0.29	0.302	0.317	0.32	0.307	0.375	0.324	0.292

资料来源：根据历年《中国统计年鉴》相关数据计算整理而来。

表 2 – 11　　1998～2015 年各省份农村居民收入基尼系数

年份	北京	天津	河北	山西	内蒙古	辽宁	吉林	黑龙江	上海	江苏	浙江	安徽	福建	江西	山东	河南	湖北	湖南	广东	广西	海南	重庆	四川	贵州	云南	陕西	甘肃	青海	宁夏	新疆
1998	0.304	0.280	0.286	0.317	0.274	0.320	0.320	0.291	0.278	0.127	0.328	0.237	0.301	0.240	0.280	0.276	0.293	0.266	0.273	0.280	0.289	0.281	0.265	0.236	0.388	0.278	0.310	0.341	0.334	0.382
1999	0.291	0.314	0.317	0.318	0.313	0.336	0.336	0.299	0.296	0.322	0.327	0.230	0.342	0.269	0.272	0.283	0.293	0.268	0.281	0.268	0.264	0.289	0.264	0.250	0.380	0.291	0.284	0.352	0.336	0.386
2000	0.280	0.345	0.320	0.319	0.352	0.411	0.411	0.406	0.267	0.321	0.312	0.212	0.293	0.285	0.289	0.316	0.298	0.293	0.289	0.266	0.269	0.297	0.265	0.252	0.382	0.314	0.318	0.416	0.336	0.389
2001	0.315	0.349	0.314	0.338	0.385	0.379	0.379	0.396	0.270	0.322	0.315	0.248	0.300	0.277	0.279	0.321	0.304	0.299	0.304	0.259	0.257	0.298	0.265	0.264	0.392	0.318	0.366	0.417	0.356	0.372
2002	0.281	0.349	0.295	0.334	0.372	0.377	0.377	0.386	0.282	0.319	0.316	0.274	0.314	0.269	0.276	0.328	0.301	0.307	0.303	0.269	0.273	0.290	0.264	0.271	0.381	0.320	0.381	0.387	0.335	0.379
2003	0.328	0.349	0.276	0.338	0.363	0.377	0.377	0.405	0.274	0.328	0.320	0.297	0.333	0.266	0.269	0.295	0.315	0.372	0.305	0.274	0.275	0.294	0.263	0.278	0.354	0.324	0.395	0.364	0.367	0.404
2004	0.318	0.349	0.260	0.349	0.351	0.345	0.345	0.351	0.263	0.279	0.339	0.290	0.323	0.284	0.288	0.283	0.311	0.308	0.311	0.275	0.279	0.256	0.265	0.285	0.339	0.327	0.397	0.365	0.355	0.380
2005	0.269	0.349	0.245	0.321	0.348	0.344	0.344	0.360	0.271	0.312	0.322	0.325	0.301	0.285	0.286	0.284	0.324	0.309	0.310	0.249	0.251	0.261	0.264	0.291	0.325	0.330	0.348	0.377	0.335	0.359
2006	0.270	0.349	0.223	0.329	0.288	0.333	0.333	0.350	0.267	0.277	0.329	0.320	0.324	0.286	0.288	0.282	0.322	0.309	0.308	0.271	0.273	0.261	0.263	0.298	0.295	0.301	0.350	0.369	0.376	0.395
2007	0.258	0.349	0.223	0.337	0.255	0.309	0.309	0.370	0.259	0.319	0.330	0.315	0.319	0.287	0.293	0.294	0.307	0.309	0.309	0.280	0.281	0.271	0.247	0.305	0.295	0.301	0.344	0.361	0.372	0.385
2008	0.242	0.349	0.257	0.314	0.222	0.269	0.269	0.347	0.262	0.332	0.331	0.325	0.308	0.317	0.315	0.335	0.288	0.309	0.302	0.293	0.298	0.291	0.238	0.311	0.295	0.314	0.342	0.359	0.383	0.367
2009	0.226	0.349	0.260	0.355	0.379	0.255	0.255	0.355	0.258	0.331	0.338	0.290	0.313	0.312	0.317	0.309	0.279	0.309	0.304	0.311	0.321	0.298	0.264	0.318	0.295	0.300	0.350	0.342	0.349	0.374
2010	0.288	0.349	0.259	0.334	0.361	0.214	0.214	0.340	0.251	0.332	0.340	0.238	0.314	0.305	0.310	0.311	0.229	0.309	0.302	0.285	0.298	0.277	0.289	0.325	0.295	0.296	0.320	0.345	0.378	0.375
2011	0.289	0.349	0.261	0.337	0.363	0.223	0.223	0.249	0.253	0.333	0.349	0.239	0.316	0.308	0.315	0.310	0.232	0.309	0.304	0.293	0.299	0.279	0.291	0.328	0.295	0.302	0.322	0.347	0.375	0.377
2012	0.299	0.349	0.269	0.340	0.364	0.234	0.234	0.259	0.264	0.332	0.348	0.245	0.322	0.312	0.321	0.312	0.274	0.309	0.308	0.302	0.308	0.290	0.299	0.329	0.295	0.314	0.325	0.349	0.376	0.378
2013	0.304	0.349	0.270	0.342	0.366	0.251	0.251	0.289	0.288	0.333	0.349	0.268	0.323	0.317	0.326	0.315	0.291	0.309	0.311	0.306	0.314	0.299	0.303	0.332	0.295	0.315	0.328	0.352	0.379	0.375
2014	0.300	0.345	0.266	0.338	0.365	0.255	0.253	0.287	0.287	0.331	0.346	0.267	0.320	0.317	0.326	0.312	0.288	0.310	0.308	0.309	0.311	0.296	0.300	0.330	0.292	0.312	0.329	0.355	0.376	0.366
2015	0.292	0.339	0.260	0.332	0.361	0.251	0.250	0.285	0.275	0.329	0.340	0.256	0.314	0.311	0.316	0.306	0.282	0.302	0.302	0.307	0.305	0.290	0.294	0.324	0.286	0.306	0.321	0.349	0.370	0.360

资料来源：根据历年《中国统计年鉴》相关数据计算整理而来。

表 2 - 12

1998～2015 年各省份总体居民收入基尼系数

年份	北京	天津	河北	山西	内蒙古	辽宁	吉林	黑龙江	上海	江苏	浙江	安徽	福建	江西	山东	河南	湖北	湖南	广东	广西	海南	重庆	四川	贵州	云南	陕西	甘肃	青海	宁夏	新疆
1998	0.252	0.277	0.312	0.337	0.336	0.279	0.276	0.282	0.231	0.292	0.331	0.329	0.329	0.285	0.301	0.320	0.330	0.353	0.349	0.366	0.369	0.385	0.355	0.348	0.286	0.388	0.379	0.403	0.357	0.412
1999	0.249	0.289	0.335	0.364	0.368	0.303	0.304	0.308	0.264	0.301	0.338	0.346	0.352	0.307	0.307	0.330	0.345	0.361	0.352	0.401	0.406	0.401	0.364	0.357	0.316	0.388	0.389	0.423	0.373	0.421
2000	0.263	0.301	0.345	0.367	0.399	0.351	0.355	0.349	0.258	0.303	0.337	0.362	0.343	0.350	0.310	0.355	0.348	0.388	0.370	0.417	0.421	0.414	0.377	0.421	0.389	0.457	0.427	0.450	0.411	0.456
2001	0.271	0.318	0.343	0.395	0.410	0.335	0.337	0.369	0.281	0.312	0.344	0.366	0.363	0.366	0.319	0.366	0.357	0.407	0.383	0.431	0.432	0.428	0.386	0.434	0.402	0.463	0.453	0.468	0.421	0.456
2002	0.282	0.306	0.349	0.403	0.412	0.368	0.373	0.388	0.268	0.312	0.354	0.382	0.386	0.371	0.321	0.392	0.378	0.409	0.401	0.438	0.439	0.450	0.388	0.455	0.432	0.480	0.473	0.465	0.428	0.460
2003	0.269	0.319	0.354	0.413	0.439	0.365	0.369	0.397	0.314	0.343	0.362	0.416	0.395	0.362	0.310	0.426	0.386	0.425	0.430	0.433	0.433	0.437	0.391	0.468	0.430	0.480	0.473	0.475	0.434	0.450
2004	0.291	0.302	0.349	0.417	0.430	0.359	0.363	0.375	0.320	0.355	0.363	0.399	0.397	0.371	0.340	0.403	0.320	0.409	0.432	0.427	0.426	0.436	0.383	0.469	0.419	0.471	0.486	0.457	0.425	0.447
2005	0.282	0.315	0.356	0.412	0.420	0.380	0.388	0.391	0.313	0.359	0.376	0.420	0.401	0.385	0.342	0.402	0.388	0.425	0.430	0.439	0.440	0.436	0.385	0.479	0.431	0.467	0.477	0.461	0.431	0.436
2006	0.277	0.314	0.360	0.415	0.409	0.383	0.389	0.388	0.308	0.364	0.375	0.418	0.403	0.395	0.354	0.403	0.393	0.430	0.429	0.455	0.445	0.449	0.387	0.493	0.443	0.463	0.483	0.474	0.445	0.437
2007	0.282	0.314	0.351	0.418	0.399	0.384	0.386	0.382	0.308	0.376	0.377	0.415	0.404	0.404	0.359	0.395	0.391	0.427	0.427	0.453	0.442	0.444	0.389	0.493	0.431	0.462	0.492	0.475	0.450	0.433
2008	0.297	0.319	0.379	0.417	0.408	0.379	0.380	0.376	0.299	0.379	0.376	0.414	0.413	0.392	0.352	0.400	0.390	0.436	0.425	0.457	0.448	0.436	0.381	0.481	0.421	0.466	0.480	0.487	0.454	0.439
2009	0.291	0.316	0.382	0.418	0.425	0.375	0.377	0.374	0.285	0.384	0.376	0.408	0.412	0.372	0.338	0.411	0.393	0.424	0.423	0.443	0.441	0.433	0.395	0.485	0.422	0.460	0.481	0.483	0.445	0.431
2010	0.275	0.311	0.370	0.427	0.418	0.360	0.368	0.351	0.298	0.375	0.375	0.340	0.391	0.379	0.332	0.396	0.381	0.419	0.415	0.440	0.442	0.404	0.395	0.477	0.435	0.414	0.463	0.471	0.438	0.418
2011	0.282	0.301	0.382	0.431	0.421	0.362	0.355	0.358	0.302	0.379	0.381	0.352	0.395	0.378	0.329	0.406	0.386	0.423	0.412	0.437	0.443	0.407	0.398	0.479	0.440	0.421	0.468	0.476	0.448	0.413
2012	0.296	0.309	0.385	0.430	0.422	0.367	0.372	0.356	0.309	0.381	0.383	0.358	0.402	0.385	0.334	0.410	0.391	0.425	0.419	0.439	0.447	0.412	0.402	0.478	0.446	0.429	0.470	0.479	0.448	0.423
2013	0.304	0.312	0.384	0.431	0.420	0.372	0.380	0.356	0.311	0.376	0.382	0.360	0.408	0.386	0.332	0.413	0.398	0.431	0.422	0.441	0.446	0.416	0.410	0.480	0.451	0.432	0.472	0.482	0.451	0.430
2014	0.302	0.307	0.383	0.432	0.418	0.374	0.381	0.358	0.308	0.375	0.381	0.361	0.406	0.385	0.330	0.410	0.397	0.430	0.421	0.436	0.445	0.416	0.409	0.478	0.449	0.429	0.473	0.481	0.446	0.423
2015	0.294	0.300	0.380	0.430	0.415	0.369	0.377	0.354	0.303	0.370	0.375	0.355	0.400	0.380	0.328	0.405	0.390	0.423	0.414	0.430	0.439	0.408	0.402	0.472	0.442	0.421	0.464	0.472	0.440	0.419

资料来源：根据历年《中国统计年鉴》相关数据计算整理而来。

表2－13 1990～2015年各省份城乡居民收入比

年份	北京	天津	河北	山西	内蒙古	辽宁	吉林	黑龙江	上海	江苏	浙江	安徽	福建	江西	山东	河南	湖北	湖南	广东	广西	海南	重庆	四川	贵州	云南	陕西	甘肃	青海	宁夏	新疆
1990	1.378	1.533	2.248	2.139	1.902	1.855	1.531	1.594	1.145	1.526	1.758	2.512	2.288	1.773	2.156	2.406	2.127	2.396	2.208	1.000	2.370	—	2.671	3.216	2.801	2.579	2.777	2.386	2.458	1.922
1991	1.573	1.726	2.396	2.337	2.132	2.040	1.737	1.828	1.303	1.692	1.950	2.755	2.555	1.934	2.481	2.628	2.375	2.685	2.639	1.029	2.584	—	3.032	3.662	3.149	2.822	3.176	2.656	2.707	2.159
1992	1.504	1.710	2.584	2.588	2.200	1.946	2.027	1.717	1.352	2.016	1.927	3.130	2.389	2.063	2.459	2.733	2.765	2.930	2.659	1.010	2.750	—	3.136	3.729	3.336	3.051	3.489	2.910	3.081	2.636
1993	1.751	1.880	2.738	2.725	2.421	1.981	2.191	1.906	1.568	2.189	2.077	3.083	2.415	2.282	2.640	2.821	3.114	3.306	2.766	0.993	3.097	—	3.449	3.968	3.911	3.219	3.636	3.091	3.411	3.116
1994	1.971	2.169	2.716	2.902	2.581	2.141	2.014	1.864	1.707	2.063	2.277	3.120	2.494	2.279	2.610	2.878	2.853	3.366	2.919	1.002	3.005	—	3.484	4.062	4.276	3.335	3.673	3.186	3.444	3.348
1995	1.820	2.049	2.392	2.736	2.355	2.102	1.972	1.911	1.689	1.886	2.097	2.901	2.369	2.196	2.486	2.678	2.658	3.297	2.756	1.009	3.139	—	3.456	3.604	4.021	3.438	3.581	3.282	3.387	3.664
1996	1.933	1.990	2.156	2.378	2.142	1.957	1.790	1.727	1.684	1.712	2.009	2.795	2.236	2.022	2.344	2.378	2.334	2.819	2.563	1.008	2.821	—	3.031	3.298	4.049	3.270	3.047	3.263	2.584	3.605
1997	2.134	2.038	2.169	2.295	2.216	1.963	1.917	1.772	1.599	1.763	1.997	2.543	2.206	1.932	2.265	2.361	2.223	2.557	2.469	1.006	2.530	—	2.834	3.418	4.041	3.142	3.031	3.028	2.537	3.220
1998	2.144	2.144	2.114	2.205	2.197	1.959	1.982	1.895	1.623	1.782	2.054	2.561	2.201	2.076	2.193	2.264	2.222	2.632	2.506	1.012	2.404	3.164	2.866	3.422	4.356	3.002	2.878	2.976	2.389	3.125
1999	2.173	2.243	2.197	2.450	2.382	2.516	2.378	2.122	2.021	1.871	2.135	2.665	2.219	2.217	2.278	2.326	2.351	2.733	2.515	2.743	2.557	3.395	2.972	3.620	4.298	3.197	3.297	3.207	2.550	3.611
2000	2.248	2.247	2.284	2.479	2.805	2.275	2.447	2.287	2.094	1.892	2.181	2.736	2.301	2.390	2.441	2.400	2.435	2.830	2.671	3.129	2.455	3.316	3.096	3.728	4.277	3.549	3.441	3.469	2.849	3.489
2001	2.304	2.269	2.299	2.756	2.901	2.266	2.721	2.379	2.194	1.949	2.284	2.806	2.459	2.467	2.532	2.511	2.490	2.949	2.763	3.428	2.622	3.410	3.201	3.862	4.432	3.678	3.568	3.759	3.041	3.739
2002	2.309	2.182	2.488	2.900	3.093	2.371	2.768	2.536	2.129	2.055	2.371	2.849	2.597	2.747	2.583	2.819	2.778	2.902	2.847	3.635	2.816	3.451	3.137	3.990	4.501	3.966	3.868	3.697	3.164	3.703
2003	2.478	2.259	2.537	3.047	3.117	2.467	2.614	2.662	2.234	2.185	2.446	3.186	2.678	2.808	2.666	3.098	2.853	3.030	3.053	3.717	2.805	3.655	3.158	4.199	4.504	4.062	3.979	3.760	3.196	3.406
2004	2.534	2.285	2.507	3.052	3.057	2.421	2.663	2.486	2.361	2.205	2.447	3.005	2.733	2.713	2.691	3.018	2.776	3.037	3.121	3.770	2.746	3.673	3.061	4.253	4.759	4.014	3.983	3.739	3.111	3.342
2005	2.403	2.265	2.616	3.084	3.099	2.468	2.685	2.568	2.261	2.335	2.447	3.207	2.769	2.755	2.734	3.020	2.835	3.055	3.149	3.723	2.704	3.646	2.992	4.343	4.538	4.030	4.085	3.745	3.226	3.219
2006	2.414	2.293	2.710	3.152	3.131	2.535	2.693	2.585	2.262	2.423	2.490	3.291	2.845	2.761	2.791	3.008	2.867	3.099	3.153	3.573	2.886	4.026	3.114	4.594	4.475	4.100	4.180	3.816	3.325	3.241
2007	2.329	2.333	2.723	3.202	3.155	2.577	2.601	2.479	2.329	2.496	2.489	3.226	2.836	2.831	2.861	2.980	2.873	3.149	3.147	3.784	2.900	3.588	3.129	4.498	4.364	4.070	4.299	3.829	3.414	3.240
2008	2.319	2.455	2.803	3.298	3.100	2.581	2.660	2.385	2.332	2.539	2.455	3.091	2.899	2.739	2.890	2.970	2.825	3.063	3.083	3.833	2.872	3.482	3.065	4.204	4.271	4.099	4.027	3.803	3.513	3.264
2009	2.291	2.464	2.858	3.304	3.210	2.645	2.471	2.413	2.310	2.568	2.459	3.127	2.931	2.763	2.911	2.990	2.853	3.073	3.124	3.882	2.898	3.517	3.102	4.280	4.281	4.110	4.003	3.793	3.464	3.157
2010	2.192	2.411	2.730	3.304	3.201	2.564	2.564	2.231	2.278	2.516	2.421	2.987	2.933	2.674	2.853	2.884	2.753	2.947	3.029	3.756	2.954	3.323	3.039	4.073	4.065	3.823	3.851	3.587	3.282	2.939

续表

年份	北京	天津	河北	山西	内蒙古	辽宁	吉林	黑龙江	上海	江苏	浙江	安徽	福建	江西	山东	河南	湖北	湖南	广东	广西	海南	重庆	四川	贵州	云南	陕西	甘肃	青海	宁夏	新疆
2011	2.233	2.185	2.569	3.236	3.073	2.467	2.370	2.068	2.257	2.438	2.369	2.985	2.837	2.539	2.732	2.755	2.664	2.869	2.870	3.604	2.850	3.125	2.921	3.979	3.934	3.629	3.834	3.386	3.249	2.851
2012	2.213	2.112	2.542	3.211	3.042	2.475	2.350	2.064	2.257	2.432	2.374	2.936	2.815	2.537	2.726	2.717	2.654	2.865	2.867	3.536	2.824	3.111	2.900	3.934	3.891	3.598	3.807	3.275	3.209	2.803
2013	2.606	1.888	2.419	2.800	2.894	2.627	2.181	2.225	2.336	2.336	2.120	2.575	2.470	2.434	2.515	2.424	2.339	2.697	2.669	2.911	2.546	2.715	2.652	3.487	3.340	3.151	3.556	3.150	2.826	2.688
2014	2.572	1.852	2.370	2.732	2.842	2.599	2.154	2.163	2.305	2.296	2.085	2.505	2.429	2.403	2.459	2.375	2.291	2.641	2.625	2.841	2.470	2.650	2.593	3.380	3.259	3.072	3.474	3.063	2.769	2.661
2015	2.570	1.845	2.367	2.732	2.839	2.582	2.199	2.181	2.282	2.287	2.069	2.489	2.413	2.379	2.440	2.357	2.284	2.623	2.601	2.790	2.427	2.593	2.557	3.327	3.200	3.041	3.427	3.094	2.762	2.788

资料来源：根据历年《中国统计年鉴》相关数据计算整理而来。

从各省城乡居民收入比来看：（1）1998～2009年，除了2004年有所下降之外，其余年份城乡居民收入比一直是呈快速上涨的趋势，2009年达到3.065，此后才开始出现快速下降的趋势，2015年达到最小值2.560，说明我国开始意识到收入差距过大问题，并开始着手调整收入分配，并取得了显著的成效；（2）分地区来看，我国城乡居民收入比仍然是呈西部、中部和东部依次递减的态势，分别为3.392、2.652和2.448。城乡居民收入比均值最高的两个省均来自西部地区，分别是云南省和贵州省，分别为4.126和3.936；而城乡居民收入差距最小的几个省均来自东部地区，它们是天津、上海和江苏，分别为2.197、2.207和2.242。因此整体来看，我国城乡居民收入差距在波动变化中呈下降的趋势，且呈现出由西部向东部依次递减的态势，各省的城乡居民收入差距较为发散。

四、消费视角的城乡居民收入水平比较

（一）城乡居民的消费总量结构

衡量城乡居民收入差距状况除了可以从城乡居民收入角度展开分析之外，还可以从城乡居民消费视角来展开探讨。通过对比城乡居民消费结构、城乡居民人口结构以及城乡居民人均消费比率三个指标，就可以从消费的角度反映出我国城乡居民福利差异情况。具体内容如图2-2和图2-3所示。

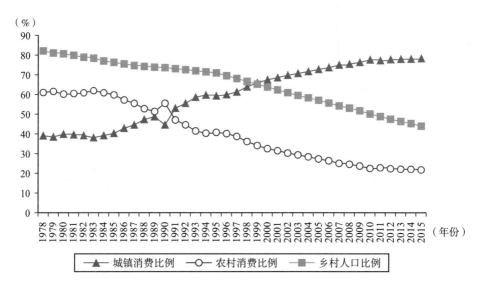

图2-2　1978～2015年城乡居民消费结构与人口结构

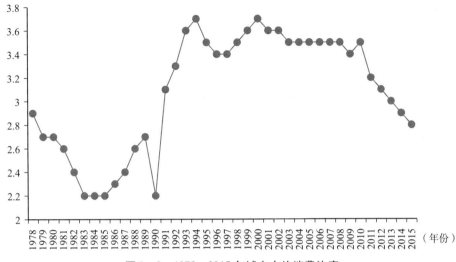

图 2 – 3　1978 ~ 2015 年城乡人均消费比率

通过图 2 – 3 可以明显发现我国城镇消费支出所占比例和农村消费所占比例呈现出截然相反的变动趋势。其中，1978 ~ 2015 年我国城镇居民消费支出比例呈现出逐步增长的趋势，1978 年我国城镇居民消费支出比例为 39.04%，2015 年城镇消费支出比例达到最大值 78.24%，增长了将近 1 倍。与之相反的是我国农村居民消费支出比例呈逐渐下降的趋势，从 1978 年的 60.96% 下降为 2015 年的最小值 21.76%，降低了将近 64.3%。

之所以出现这种变化，与我国的城镇化发展进程有着直接的关系。从人口变化来看，1978 ~ 2015 年，我国城镇人口占比从 17.92% 不断提高到 56.10%，增加了 2.13 倍，年均增长率为 3.13%[①]。对比人口占比和消费支出占比来看，城镇消费支出占比一直要大大高于城镇人口占比。其中，1983 ~ 1985 年是我国城镇居民消费支出占比与城镇人口占比差额最低的 3 年，分别为 16.49%、16.15%、16.54%；而差额最大的年份是 2000 年，占比达到了 31.24%，36.22% 的城镇人口，其消费支出占比达到了 67.46%。从 2000 年后差额开始不断缩小，2015 年的差额为 22.14%，未来还有继续下降的趋势。

从城乡人均消费比例变动趋势来看，1978 ~ 1984 年间城乡消费比例一直呈下降的态势，从 2.9 一直下降到 2.2；从 1985 年开始城乡消费比开始扩大，1994 年达到了 3.7；1995 ~ 2010 年城乡消费比一直处于较高的水平；2011 年以后消

---

① 中华人民共和国国家统计局. 中国统计年鉴 2009 [M]. 北京：中国统计出版社，2009.

费差距开始逐渐减小，从3.2一直减小到2015年的2.8。总体来看，图2-2和图2-3反映了我国城乡消费支出差距在波动变化中呈逐渐缩小的趋势。

（二）城乡居民的恩格尔系数比较

表2-14列出了1978～2016年我国城乡居民家庭恩格尔系数的变化情况。恩格尔系数反映的是一个家庭中食品消费支出占家庭消费支出的比例，总体来看我国的恩格尔系数在波动中呈下降的趋势，尤其是进入90年代以后，下降速度较为明显。具体来看，我国城镇居民恩格尔系数从1978年的57.5%，下降到2016年的29.3%，食品支出占城镇居民家庭消费支出比例下降了28.2个百分点。这说明随着我国城镇居民收入水平的大幅度增加，消费结构也发生了变化，城镇居民对食品等农产品的需求开始下降，而对耐用品的消费开始增加，消费升级换代趋势明显。同样我国农村居民恩格尔系数也从1978年的67.7%下降为2016的32.2%，下降了35.5%，尤其从1996年开始，下降幅度最为明显，虽然恩格尔系数的下降对农产品的需求会带来一定的影响，但释放出来的新需求有利于推动我国工业化发展。

表2-14　　　　　　　1978～2016年城乡居民家庭恩格尔系数　　　单位：%

年份	城镇居民	农村居民	年份	城镇居民	农村居民
1978	57.5	67.7	1992	53	57.6
1979	—	63.96	1993	50.3	58.1
1980	56.9	61.8	1994	50	58.9
1981	56.7	59.86	1995	50.1	58.6
1982	58.6	60.67	1996	48.8	56.3
1983	59.2	59.41	1997	46.6	55.1
1984	58	59.17	1998	44.7	53.4
1985	53.3	57.8	1999	42.1	52.6
1986	52.4	56.36	2000	39.44	49.1
1987	53.5	55.75	2001	38.2	47.7
1988	51.4	53.99	2002	37.7	46.2
1989	54.5	54.81	2003	37.1	45.6
1990	54.25	58.8	2004	37.7	47.2
1991	53.8	57.6	2005	36.7	45.5

续表

年份	城镇居民	农村居民	年份	城镇居民	农村居民
2006	35.8	43	2012	36.2	39.3
2007	36.3	43.1	2013	35	37.7
2008	37.9	43.7	2014	37.1	41
2009	36.5	41	2015	29.7	33
2010	35.7	41.1	2016	29.3	32.2
2011	36.3	40.4			

资料来源：历年《中国统计年鉴》。

对比城镇居民和农村居民的恩格尔系数发现，1978～2016年，虽然农村居民的恩格尔系数下降幅度要大于城镇居民，且两者之间的绝对值之差有缩小的趋势，但另一个事实是：我国城镇居民收入要远高于农村（2015年我国城乡居民收入比为2.95），且他们只拿其中一部分（29.7%）用于食品支出；相反农村居民收入远低于城镇居民，却拿出相对较高的比例（33%）用来购买食品等生活必需品。可见我国城乡居民生活水平仍然存在较大的差距。

第三节　城乡居民收入差距的成因分析

导致我国城乡居民收入差距扩大的因素是多方面的，本节将重点分析民生财政支出因素。

一、教育支出的城乡差异

目前，我国教育支出的城乡差异较大。相对而言，财政教育支出在发展高等教育事业上发挥了非常重要的作用，但是在发展农村基础教育事业上所发挥的作用就要小得多，两者所受到的重视程度也不一样。这种教育投入的不平等主要体现在三个方面。

（一）基础教育投入力度的不平等

2013年，国家财政对普通高中的事业性经费总支出为30074415万元，其中对农村高中的事业性经费支出仅为4417948万元；国家财政对普通初中的事业性经费总支出为 50053418 万元，其中对农村初中的事业性经费支出为 26900132 万元，占财政对普通初中事业性经费总支出的 54%；国家财政对小学的事业性经费总支出为 77307943 万元，其中对农村小学的事业性经费支出为 48185313 万元，占财政对小学事业性经费总支出的 62%。2015 年，国家财政对普通高中的基本建设总支出为 590303 万元，其中对农村高中的基本建设支出仅为 256926 万元，占财政对普通高中基本建设总支出的 44%；国家财政对普通初中的基本建设总支出为 913701 万元，其中对农村初中的基本建设支出为 540764 万元，占财政对普通初中基本建设总支出的 59%；国家财政对小学的基本建设总支出为 803364 万元，其中对农村小学的基本建设支出仅为 480249 万元，农村小学的占比仅为 60%①。国家财政在农村教育上的支出以义务教育为主，其他的支出很少。大部分教育资源都分给了城市，这样一来，和城市相比，农村的教育资源必然贫乏，这种教育支出上的城市倾向性会导致城乡之间收入差距的扩大。

表 2 - 15 与表 2 - 16 分别是我国 2007 ~ 2015 年的基础教育经费执行情况，我们可以通过这两个表看到这样一个事实，在我国城乡基础教育支出中，事业性教育经费支出中的农村生均支出是低于全国平均水平的，从基础建设支出来看，也是一样的结论。我国的各项细分教育支出也具有显著的城市倾斜性。通过对《中国统计年鉴》历年数据进行大致估算，地方财政教育支出占全国教育支出的比例平均达到了 95%，也就是说，全国财政教育支出倾斜性的主要原因在于地方财政教育支出的分配，教育资源在城乡间分配不均衡，偏于城市，而农村相对不足，这无形中扩大了城乡之间的教育投入差距进而扩大了收入差距。

从城乡基础教育生均事业性经费支出差距绝对量变化来看，总体上农村小学和初中的生均事业性经费支出与全国平均水平的差距呈不断扩大的趋势。2007 ~ 2013 年，农村的小学生均教育事业性经费支出与全国平均水平的差额由 1650 元扩大到 9053 元；农村的初中生均教育事业性经费支出与全国平均水平的差额由 2007 年的 4077 元扩大到 2013 年的 28425 元；农村的高中生均教育事业性经费支出与全国平均水平的差额由 2007 年的 54619 元扩大到 2013 年的 314838 元。从城乡基础教育生均事业性经费支出的相对差距变化来看，2007 年，全国小学生均教育事业性经费支出与农村生均支出的比值为 1.55，到 2013 年这个比值上升到 1.60；2007 年，全国初中生均教育事业性经费支出与农村生均支出的比值为 1.84，到 2013 年这个比值上升到 1.86；2007 年，全国高中生均教育事业性经费

---

① 根据历年《中国教育统计年鉴》和《中国教育经费统计年鉴》整理得来。

支出与农村生均支出的比值为 7.76，到 2013 年这个比值下降到 6.81；通过对比我们知道，城镇和农村城乡基础教育事业性经费支出的相对差距量的变化不大，呈现出较稳定的趋势（见表 2 – 15）。

表 2 – 15　　　　　2007～2013 年我国基础教育生均事业性经费支出　　　单位：元/人

年份	小学				初中				高中			
	小学	农村小学	差额	比值	普通初中	农村初中	差额	比值	普通高中	农村高中	差额	比值
2007	4629	2979	1650	1.55	8910	4833	4077	1.84	62698	8079	54619	7.76
2008	5891	3827	2064	1.54	11937	6696	5241	1.78	77271	10514	66757	7.35
2009	7294	4716	2578	1.55	14924	8394	6530	1.78	94588	13276	81312	7.12
2010	8912	5696	3216	1.56	18597	10302	8295	1.81	114063	15866	98197	7.19
2011	14385	9110	5275	1.58	34691	19004	15687	1.83	224383	30713	193670	7.31
2012	19150	12176	6974	1.57	48472	26561	21911	1.82	331866	46250	285616	7.18
2013	24031	14978	9053	1.60	61450	33025	28425	1.86	369052	54214	314838	6.81

资料来源：根据历年《中国教育统计年鉴》和《中国教育经费统计年鉴》整理得出。

从城乡基础教育生均基本建设支出差距绝对量变化来看，农村小学和初中的生均基本建设支出与全国平均水平的差距总体呈扩大趋势。2007 年，农村的小学生均教育基本建设支出与全国平均水平的差距额为 30 元，农村初中与全国的两项差距额为 121 元，农村高中与全国的两项差距额为 2500 元；而 2015 年，农村小学的两项差距额提高到 109 元，农村初中的两项差距额为 531，农村高中的两项差距额为 4330，可知乡基础教育支出差距的绝对量不断增加。从城乡基础教育生均基本建设支出的相对差距变化来看，2007 年，全国小学生均教育基本建设支出与农村生均支出的比值为 2.07，到 2015 年这个比值下降到 1.67；2007 年，全国初中生均教育基本建设支出与农村生均支出的比值为 2.59，到 2015 年这个比值下降到 1.70；2007 年，全国高中生均教育基本建设支出同农村生均支出的比值为 21，到 2015 年这个比值下降到 2.30；可见，城乡基础教育基本建设支出的相对差距量在不断减小，即城乡基础教育支出差距呈现下降的趋势（见表 2 – 16）。

表 2 - 16　　　　　　　2007 ~ 2015 年我国基础教育生均基本建设支出　　　　单位：元/人

年份	小学				初中				高中			
	小学	农村小学	差额	比值	普通初中	农村初中	差额	比值	普通高中	农村高中	差额	比值
2007	58	28	30	2.07	197	76	121	2.59	2625	125	2500	21.00
2008	72	36	36	2.00	318	173	145	1.84	2252	185	2067	12.17
2009	128	76	52	1.68	591	364	227	1.62	2808	232	2576	12.10
2010	169	102	67	1.66	601	318	283	1.89	4084	316	3768	12.92
2011	242	141	101	1.72	891	450	441	1.98	5558	498	5060	11.16
2012	403	247	156	1.63	1708	956	752	1.79	9476	715	8761	13.25
2013	360	225	135	1.60	1503	824	679	1.82	8459	851	7608	9.94
2014	347	238	109	1.46	1317	819	498	1.61	7609	3872	3737	1.97
2015	271	162	109	1.67	1301	770	531	1.69	7666	3336	4330	2.30

资料来源：根据历年《中国教育统计年鉴》和《中国教育经费统计年鉴》整理得出。

综合以上分析，虽然政府已加大了教育的整体投入，但我国的基础教育支出仍具有城市偏向性，农村地区的教育投入相对不足，这种城乡教育投入差距一定程度上推动了城乡居民收入差距扩大。

（二）城乡师资力量差别大

教育投入的不平等不仅表现在资金的投入规模上，在师资力量上投入的差别也较悬殊。主要表现在以下三个方面。

1. 农村的师资力量短缺

农村教师的工资待遇相对较差、生活环境也较为艰苦，长期以来，正是这些客观而特殊的因素造成了农村教师的不断流失和师资力量的短缺。如表 2 - 17 所示，从义务教育阶段专任教师人数对比来看：2011 年我国小学专任教师总人数为 5163882 人，其中，城镇专任教师人数为 2860756 人，农村专任教师人数为 2303126 人，城镇小学教师人数是农村的 1.24 倍。此后，我国城镇小学专任教师人数每年都在不断增加，相反农村小学专任教师人数却在不断减少，小学教师人数城镇与农村之比也从 2011 年的 1.24 一直上升到 2015 年的 1.70。同样的情况也反映在初中教育阶段，初中阶段专任教师人数城镇与农村之比从 2011 年的 3.11 一直上升到 2015 年的 4.39。到了高中阶段这种差距更大，2015 年我国高中专任教师人数城镇与农村的比例竟高达 29.78 倍。可见，我国 43.90% 的农村人口拥有的小学、初中和普通高中专任教师数却远不到全国专任教师数的 40%，尤其是初中和普通高中。

表 2-17　　　　　2011~2015 年我国城镇和农村专任教师数　　　　单位：人

年份	小学			初中			普通高中		
	城镇	农村	比例	城镇	农村	比例	城镇	农村	比例
2011	2860756	2303126	1.24	2667837	856680	3.11	1489290	67539	22.05
2012	2958770	2162856	1.37	2722752	781611	3.48	1539404	55631	27.67
2013	3035389	2061245	1.47	2749831	731148	3.76	1573842	55166	28.53
2014	3130921	1974360	1.59	2803510	684920	4.09	1607818	54882	29.30
2015	3221222	1891552	1.70	2830436	645200	4.39	1640272	55082	29.78

资料来源：根据历年《中国教育统计年鉴》整理得出。

2. 城乡专任教师的学历差异较大

我国城市教师的学历大都在本科及以上，而农村教师的学历相对较低，大都是大专及以下。从表 2-18 可以看出，2011 年以来，城镇和农村基础教育中，专任教师学历差距越来越大。2015 年，农村小学专任教师具有研究生、本科和专科学历的人数分别为 31796 人、1904674 人和 1526846 人；而城镇小学教师对应的人数分别为 3621 人、671029 人和 1086148 人，分别相差 28175 人、1233645 人和 440698 人；从绝对差距来看，城镇小学专任教师具有研究生、本科和专科学历的人数分别是农村的 8.78 倍、2.84 倍和 1.41 倍。同样，2015 年，农村初中专任教师具有研究生、本科和专科学历的人数分别为 4249 人、464004 人和 173187 人；而城镇初中专任教师具有相应学历的人数 60944 人、2259312 人和 502106 人，分别相差 56695 人、1795308 人和 328919 人，从绝对差距来看，城镇初中专任教师具有研究生、本科和专科学历的人数分别是农村的 14.34 倍、4.87 倍和 2.90 倍。2015 年，从绝对差距来看，农村普通高中专任教师具有研究生、本科和专科学历的人数比城镇普通高中专任教师具有相应学历的人数分别相差 114969 人、1434777 人和 34657 人，从绝对差距来看，城镇普通高中专任教师具有研究生、本科和专科学历的人数分别是农村的 37.38 倍、29.60 倍和 21.11 倍。

表 2 - 18　　　　　2011～2015 年我国城镇和农村专任教师学历情况　　　单位：人

类型			2011 年	2012 年	2013 年	2014 年	2015 年
小学	城镇	研究生	9310	12671	17942	24196	31796
		本科	1152919	1324486	1512840	1709247	1904674
		专科	1633823	1631191	1582868	1559167	1526846
	农村	研究生	1419	1788	2286	2929	3621
		本科	432011	480632	546820	611871	671029
		专科	1369278	1291674	1214316	1153907	1086148
初中	城镇	研究生	27653	34025	42141	51380	60944
		本科	1873618	1986995	2081051	2189914	2259312
		专科	742602	681593	610313	551391	502106
	农村	研究生	2584	2399	2997	3395	4249
		本科	500478	486815	479999	472383	464004
		专科	339265	281650	239529	203527	173187
普通高中	城镇	研究生	65092	77716	91216	103096	118129
		本科	1362131	1407748	1433007	1460952	1484943
		专科	60564	52733	48378	42855	36380
	农村	研究生	1884	2144	2487	2644	3160
		本科	61274	50629	50249	50201	50166
		专科	4285	2809	2358	1985	1723

资料来源：根据历年《中国教育统计年鉴》计算整理而来。

（三）城乡专任教师的职称差异较大

从专任教师的职称情况来看，城乡专任教师的职称差异也是很大的，见表 2 - 19。2015 年，从绝对差距来看，城镇小学具有中学高级、小学高级职称的人数分别为 107378 人和 1904111 人，而农村小学具有中学高级、小学高级职称人数分别为 32511 人和 978951 人，因此，从绝对差距来看，城镇小学专任教师具有中学高级、小学高级职称的人数分别是农村的 8. 78 倍和 2. 84 倍。城镇初中具有中学高级、中学一级职称的人数分别为 521518 人和 1239396 人，而农村初中具有中学高级、中学一级职称人数分别为 86143 人和 264445 人，从绝对差距来看，城镇初中专任教师具有中学高级、中学一级职称的人数分别是农村的 6. 05

倍和 4.69 倍。城镇高中具有中学高级、中学一级职称的人数分别为 449533 人和 601405 人，而农村高中具有中学高级、中学一级职称人数分别为 10713 人和 19543 人，从绝对差距来看，城镇高中专任教师具有中学高级、中学一级职称的人数分别是农村的 41.96 倍和 30.77 倍。由此可见，城镇的专任教师队伍不论是数量还是整体素质上都明显优于农村地区。

表 2 - 19 　　　　　2011～2015 年我国城镇和农村专任教师职称情况　　　　　单位：人

类型			2011 年	2012 年	2013 年	2014 年	2015 年
小学	城镇	中学高级	68610	75650	85310	96895	107378
		小学高级	1735418	1791202	1833404	1877918	1904111
		小学一级	1044386	1079750	1088276	1117066	1157987
	农村	中学高级	30842	27787	29495	30501	32511
		小学高级	1208568	1138695	1086523	1032480	978951
		小学一级	910993	848773	791830	749297	715526
初中	城镇	中学高级	409353	442534	473516	502058	521518
		中学一级	1164959	1190896	1206559	1229560	1239396
	农村	中学高级	78235	80638	83380	84111	86143
		中学一级	341238	313429	296278	279103	264445
普通高中	城镇	中学高级	381739	402290	420165	436398	449533
		中学一级	527922	552636	568992	586892	601405
	农村	中学高级	11967	10114	10058	10798	10713
		中学一级	23546	19694	19686	19421	19543

资料来源：根据历年《中国教育统计年鉴》计算整理而来。

（四）城乡教育支出的回报率差别较大

现有大量文献证实，我国城乡二元体制及长期以来的城镇化偏向导致了我国城乡教育支出的回报率存在较大的差异。其中比较有代表性的研究有：李实（1994）采用县级样本数据得出农村教育投资收益率（2.5%）要远低于城镇教育收益率（7.8%）[①]。姚先国等（2004，2006）先后采用企业数据库和城调队数据，得出了城镇教育平均回报率接近农村的 2 倍，家庭背景好的子女教育回报率

[①] 李实. 中国农村人力资本的形成及其影响因素 [J]. 农村经济与社会，1994（2）：15 - 21.

要高于家庭背景差的子女教育回报率①②。邢春冰（2008，2013）通过采用人口抽样调查数据实证发现农民工教育回报率存在东部发达地区高于中西部落后地区的现象③④。张兴祥（2012）利用 CHIP2002 数据，构建 Mincer 方程，实证分析发现城镇教育回报率尤其是中高等教育投资回报率要高于农村⑤。谭静等（2017）从户籍差异角度分析了流动人口教育回报率，发现北京、上海和广州发达城市的农民工教育回报率要低于拥有城市户口的迁移人口⑥。大多数研究成果都证实了教育回报率是导致城乡居民收入差异的一个重要原因，而关于教育回报率产生差异的原因主要有以下两方面：一是相对于城市教育，农村的教育资源相对缺乏，如师资力量、教学设备、教学环境都较为落后，因此即使同样的教育支出产生的效果也不一样。二是国家体制上的一些因素制约了农村劳动力的流动，这些制度限制了农村劳动力平等发挥自己所学技能的空间，也就减少了农村劳动力获得收入的机会。

由此可知，与城市居民相比，我国农村居民获得政府提供的教育资源相对较少。由于农村教育发展水平落后，即使投入同样的教育资源，农村居民的教育回报率也要低于城市居民。而这些差异最终都会导致农村居民人力资本水平落后于城市的结果，反映在收入分配环节，城市居民收入水平会高于农村居民收入水平，城乡居民收入差距不断扩大。

二、医疗卫生支出的城乡差异

造成我国城乡居民人力资本健康水平差异的一个原因是我国医疗卫生经费投入的不平等。其背后深层次原因是我国长期以来实行的是城乡分立的医疗卫生保障体系。根据《中国经济时报》的数据⑦，我国 9 亿多农村人口仅享受到了全国公共医疗卫生资源的 20%，而 4 亿城市人口享受到的医疗卫生资源是农村的 4

---

① 姚先国，张海峰. 中国教育回报率估计及其城乡差异分析——以浙江、广东、湖南、安徽等省的调查数据为基础 [J]. 财经论丛，2004（6）：1-7.
② 姚先国，黄志岭，苏振华. 家庭背景与教育回报率——基于 2002 年城镇住户调查数据 [J]. 中国劳动经济学，2006（4）.
③ 邢春冰. 分位回归、教育回报率与收入差距 [J]. 统计研究，2008，25（5）：43-49.
④ 邢春冰，贾淑艳，李实. 教育回报率的地区差异及其对劳动力流动的影响 [J]. 经济研究，2013（11）：114-126.
⑤ 张兴祥. 我国城乡教育回报率差异研究——基于 CHIP2002 数据的实证分析 [J]. 厦门大学学报（哲学社会科学版），2012（6）：118-125.
⑥ 谭静，余静文，李小龙. 流动人口教育回报率的城乡户籍差异及其原因研究——来自 2012 年北京、上海、广州流动人口动态监测的经验证据 [J]. 中国农村观察，2017（1）：82-96.
⑦ 纪江明. 缩小城乡公共服务资源的现实差距 [EB/OL].（2011-01-10）[2017-02-26]. http://finance.sina.com.cn/roll/20110110/08519226188.shtml.

倍，医疗卫生支出上的不平等，严重地影响了农村劳动力的健康水平。

表 2 - 20 和表 2 - 21 分别反映了我国城乡医疗卫生服务水平和城乡医疗卫生支出水平。其中为了描述我国的城乡医疗卫生服务水平，分别从资源配置和医疗水平两个方面选取了四个相关指标：每千人口卫生技术人员数、每千人口医疗卫生机构床位、孕产妇死亡率、婴儿死亡率。接着采用人均卫生费用、人均医保基金支出两个指标来衡量医疗卫生支出情况。

表 2 - 20　　　　　　　2007～2015 年我国城乡医疗卫生服务水平差距

年份		2007	2008	2009	2010	2011	2012	2013	2014	2015
每千人口卫生技术人员数	城市	6.44	6.68	7.15	7.62	6.68	8.54	9.18	9.7	10.20
	农村	2.69	2.8	2.94	3.04	2.66	3.41	3.64	3.77	3.90
	比例	2.39	2.39	2.43	2.51	2.51	2.50	2.52	2.57	2.62
每千人口医疗卫生机构床位	城市	4.90	5.17	5.54	5.94	6.24	6.88	7.36	7.84	8.27
	农村	2.00	2.2	2.41	2.6	2.8	3.11	3.35	3.54	3.71
	比例	2.45	2.35	2.30	2.28	2.23	2.21	2.20	2.21	2.23
孕产妇死亡率（1/10 万）	城市	25.2	29.2	26.6	29.7	25.2	22.2	22.4	20.5	19.8
	农村	41.3	36.1	34	30.1	26.5	25.6	23.6	22.2	20.2
	比例	0.61	0.81	0.78	0.99	0.95	0.87	0.95	0.92	0.98
婴儿死亡率（‰）	城市	7.7	6.5	6.2	5.8	5.8	5.2	5.2	4.8	4.7
	农村	18.6	18.4	17	16.1	14.7	12.4	11.3	10.7	9.6
	比例	0.41	0.35	0.36	0.36	0.39	0.42	0.46	0.45	0.49

资料来源：历年《中国统计年鉴》《中国卫生年鉴》。

表 2 - 21　　　　　　　2007～2014 年城乡医疗卫生支出差距　　　　　　　单位：元

年份		2007	2008	2009	2010	2011	2012	2013	2014
人均卫生费用	城市	1516.29	1861.76	2176.63	2315.48	2697.48	2999.28	3234.12	3558.31
	农村	358.11	455.19	561.99	666.3	879.44	1064.83	1274.44	1412.21
	比例	4.23	4.09	3.87	3.48	3.07	2.82	2.54	2.52
人均医保基金支出	城市	695.49	634.69	696.79	756.21	936.02	907.61	1021.48	1120.83
	农村	47.75	81.27	110.79	142.09	205.55	299.13	362.74	392.72
	比例	14.57	7.81	6.29	5.32	4.55	3.03	2.82	2.85

资料来源：历年《中国统计年鉴》《中国卫生年鉴》。

从表 2 - 20 可以看出，2007 ~ 2015 年我国医疗卫生服务水平都有了明显的提高。不论城市还是农村，每千人口卫生技术人员数和每千人口医疗卫生机构床位都有所增加；孕产妇死亡率和婴儿死亡率都出现了显著下降。但城市和农村的医疗卫生服务水平差异也非常明显。具体来看：①2007 年我国城市和农村每千人口卫生技术人员数分别是 6.44 和 2.69，城市是农村的 2.39 倍，此后一直上涨，到了 2015 年，城市和农村的每千人口卫生技术人员数分别增加到 10.20 和 3.90，比例也扩大为 2.62 倍，可见在我国医疗卫生支出整体增加的过程中，城市要比农村获得的资源更多；②2007 年我国城市和农村每千人口医疗卫生机构床位分别是 4.90 和 2.00，城市是农村的 2.45 倍，此后一直上涨，到了 2015 年，城市和农村的每千人口卫生技术人员数分别增加到 8.27 和 3.71，比例下降为 2.23倍；③城市和农村的孕产妇死亡率之比从 2007 年的 0.61 一直上升到 2015 年的0.98，可见我国城市医疗水平提高得更快。④城市和农村婴儿死亡率之比，从2007 年的 0.41 上升为 2015 年的 0.49，说明过去一段时间我国虽加大了对农村婴幼儿医疗卫生支出，但仍和城市有较大差距，如，2015 年城市婴幼儿死亡率还不到农村的一半。

从表 2 - 21 可以看出，城乡二元经济结构条件下，2007 ~ 2014 年我国医疗卫生支出增长迅速，不管是人均卫生费用还是人均医保基金支出都有明显提高。虽然城乡医疗卫生支出差距有所缩小，但仍然存在较大差距。具体来看：我国城市人均卫生费用从 2007 年的 1516.29 元一直增加到 2014 年的 3558.31 元；同样农村人均卫生费用也从 2007 年的 358.11 元增加到 2014 年的 1412.21 元，且城市和农村的人均卫生费用之比也从 2007 年的 4.23 下降为 2014 年的 2.52，可见，最近几年我国农村卫生费用支出增长率要大于城市，即农村的医疗需求更大。从人均医保基金支出来看：我国城市人均医保基金支出从 2007 年的 695.49 元增加到2014 年的 1120.83 元，增加了 0.61 倍；而农村人均医保基金支出从 2007 年的47.75 元增加到 2014 年的 392.72，增加了 7.22 倍。总的来看这 8 年间数据反映了我国城乡医疗卫生资源仍然差异较大。因此未来应该继续加大对农村医疗卫生资源的投放力度，让农村人口都能够享受到医疗卫生支出所带来的福利，缩小城乡人力资本健康水平差距。

三、社会保障和就业支出的城乡差异

长期以来，我国城镇居民和农村居民在所适用的社会保障制度方面就存在非常大的差异。由于我国的福利制度主要以城镇户口和工作单位为依托，这样的福利制度恰好排除了所有广大农村居民。由于是农村户口，农村居民所以无法享受项目齐全、大部分由国家和单位出资的城镇居民社会保障制度，包括城镇职工基本医疗保险、城镇居民基本医疗保险、企业职工基本养老保险，失业、工伤和生育保险等等。由于没有工作单位，农村居民无法享受到养老保险、住房、工伤待遇、医疗、休假、劳动保护、退休金、免费培训、独生子女补助、日常生活福利、福利设施等福利待遇。

虽然近年来国家加大对农村社会保障的投入，加快完善农村社会保障体系，但总体上看，我国农村居民社会保障体系的完善程度和城镇居民社会保障体系的完善程度差距还是很大，城镇居民和农村居民所享受的社会保障待遇差别很大，间接地扩大了城乡居民之间的收入差距，这种差异主要表现在以下四个方面。

（一）城镇居民享受的社会保障项目多于农村居民

从社会保障项目种类来看，城镇居民享受的更多一些。目前，我国城镇居民享受社会保障的所有项目，主要包括社会保险、最低生活保障和传统经济救济，其中社会保险涵盖了基本养老保险、基本医疗保险、失业保险、工伤保险和生育保险，其中基本养老保险和基本医疗保险是城镇居民最主要的两项社会保障。与城镇居民相比，除了新型农村养老保险和新型农村合作医疗保险，对改善城乡社会保障项目差异作用较明显外，其他的社会保障制度仅涵盖了基本的生活补助、低保及五保供养等项目。从保障水平来看，农村居民的社会保障标准远远低于城镇居民，大部分农村居民所领取到的养老金和生活补助只是杯水车薪。城镇居民从社会保障支出的受益要远高于农村居民，无论是养老金，还是医疗方面，都能很好地保障城镇居民的基本生活，这种项目种类上的明显差距对于缩小城乡居民收入差距是非常不利的。

（二）城镇居民社会保障覆盖面大于农村居民

早在 2006 年，学者张素凤就对我国城乡社会保障制度进行了对比研究，结论显示：我国城镇居民仅占全国总人口的 20% 左右，却享受了全国近 89% 的社会保障资源；同时，我国农村居民占了全国总人口的 80% 左右，他们所享受的社会保障资源却仅仅为 11%[①]。这样的研究结论值得我们深思，近十年来也作出了很多努力，使这方面情况有所好转。但不得不面对的现实是我国城乡居民之间所享受的社会保障资源差距仍较大。2011 年末的数据显示，参加新型农村社会

---

① 张素凤. 中国城市和农村社会保障制度比较研究［J］. 特区经济，2006（3）：92 – 93.

养老保险试点的人数只有 32643.5 万人，参与的比率不到 38%。2015 年末新型农村合作医疗参加的人数达到 67000 万人，覆盖率接近 99%。截至 2015 年末，城镇居民中，参加城镇职工基本养老保险的人数共有 35361 万；参加城镇基本医疗保险的人数共有 66581 万，其中参加城镇职工基本医疗保险的人数共有 28893 万（含农民工），参加城镇居民基本医疗保险的人数共有 37689 万；参加工伤保险的人数共有 21432 万（含农民工）；参加失业保险的人数共有 17326 万；参加生育保险的人数共有 17771 万[1]。

（三）城镇居民社会保障的层次高于农村居民

城镇居民所享受的社会保障层次众多，高低不同。而农村居民所享受的各类社会保障则没有明显的层次性，基本上都处于较低水平。假如把城镇居民所享受的社会保障仅划分为高和低两个层次，社会保险则属于较高层次，因为通过社会保险特别是养老保险和医疗保险，城镇居民完全实现了"老有所养、病有所医"的目标，确保了城镇老年职工的生活和医疗水平在城镇居民中处于平均水平；最低生活保障和传统城市救济则属于较低层次，这个层次的社会保障可以为城镇困难家庭提供最基本的生存保障。如今在我国大部分地区的农村居民虽然也被养老保险和医疗保险覆盖，但这两种保险的保障程度非常低，尤其是养老保险，它与农村最低生活保障和农村救济一样，同样式属于最低层次的生存保障。

（四）城镇居民的社会保障标准高于农村居民

社会保险自出现以来，就遵循的是权利与义务对等的原则，"对等原则"体现的是人们缴纳的保险费用越多，意味着未来得到的保障水平越高，反之，缴纳的保险费用越少，未来得到的保障水平则越低；最低生活保障和困难救济资金的性质则完全不同，它们主要来源于财政拨款和社会捐赠，符合条件的低收入家庭可以免费从政府得到这两项保障。从社会保险来看，城镇居民和城镇职工缴纳保费的水平都远高于农村居民。从人均社会保障支出水平来看，1994 年以来，城镇居民人均社会保障支出是农村居民人均社会保障支出的 100 倍左右。虽然农村居民的社会保险覆盖面不断扩大，但实际受益程度不高，与城镇社会保险水平差距较大。2011 年城镇基本医疗保险人均缴费 1170 元，人均补偿受益 936 元；城镇职工基本养老保险人均缴费 7834.31 元，人均领取养老金 18699.86 元，占城镇单位就业人员平均工资的比例为 44.74%。同年农村居民的新农合人均缴费

---

① 根据历年《中国统计年鉴》和《中国财政年鉴》计算整理而来。

246.2 元，平均每人次补偿受益 130 元；新农保人均缴费 450.94 元，人均领取养老金 658.72 元，占农民人均纯收入的比例仅为 9.44%[①]。

本 章 小 结

本章首先对我国居民收入分配差距的总体特征进行了分析，接着从城乡居民内部、不同发展时期、不同区域、消费这四个方面比较了城乡居民的收入水平，发现，无论从哪个角度来看，都出现了城乡居民收入差距过大的问题。

通过对我国民生财政支出的公平性进行分析，发现我国无论是在教育支出、医疗卫生支出还是社会保障和就业支出上，都是不公平的，存在严重的城市偏向，城乡差异特别明显，进而导致城乡居民收入差距的不断扩大。教育支出的不平等主要体现在三个方面：基础教育投入力度的不平等；城乡学校教学师资力量差距较大；城乡教育支出的回报率差距较大。医疗卫生支出在城乡之间也存在较大的差异，主要体现在：城乡医疗卫生服务水平差距较大；城乡医疗卫生资源配置差距较大；城乡医疗卫生支出差距较大。城乡居民所享受的社会保障待遇差距较大，具体表现在：城镇居民享受的社会保障项目多于农村居民；城镇居民社会保障覆盖面大于农村居民；城镇居民社会保障的层次高于农村居民；城镇居民的社会保障标准高于农村居民。

[①]　根据历年《中国统计年鉴》和《中国财政年鉴》计算整理而来。

第三章

民生财政支出的现状分析

我国公共财政自 1998 年提出以来，取得了迅速发展。民生财政将保民生作为主要目标，是在公共财政内容框架下的一个新的制度转变。2005 年以来中央政府工作报告中提出，要统筹兼顾，关注民生，要将改革和发展的成果实现全民共享。此后我国加快了民生建设，财政投入也开始逐渐向民生领域倾斜，民生财政成为民众关注的焦点。众所周知，民生财政支出规模反映了政府对民生事业支持的力度，民生财政支出结构反映了民生财政支出中各类民生支出的组合。其中，民生支出规模是否合理会影响我国民生财政的可持续发展，而对民生支出结构进行分析能了解各类民生支出内容及各类支出的相对重要性。民生财政支出结构是否合理，是实现财政资源合理配置的前提之一。因此，本章将对我国民生财政支出的规模和结构进行分析。

第一节　民生财政支出规模分析

一、民生财政支出规模的衡量指标

当前民生财政支出规模的衡量指标主要有绝对值指标和相对值指标两大类。绝对规模指标反映了一定时期内，各级政府部门民生财政支出总额。民生支出总规模反映了用于民生服务的资源总量。采用民生财政支出绝对规模指标可以直观了解民生支出状况，但由于没有剔除价格水平，不利于对不同年度的民生支出进行纵向比较，而且受计量单位的影响，跟其他国家（地区）进行横向比较时也会受到影响。相对规模指标反映了民生支出总量和国内生产总值的比例关系，相对规模指标能够克服绝对规模指标无法剔除价格因素进行横向和纵向比较的弱点，同时民生财政支出的相对规模指标更能看出一个国家（地区）将多少财政资金投向了民生领域，反映了国家对民生事业的重视程度。此外还有民生支出增长率，采用与上一期民生支出情况作比较，反映了民生支出的增长情况。还有政府民生支出的弹性（Eg），采用一个财政年度中政府民生支出的增长率和国内生产总值的增长速度的比值。如果 Eg > 1，说明民生支出的增长速度大于国内生产总值增长的速度；Eg = 1，说明民生支出与国内生产总值的增长速度相同；Eg < 1，则说明民生支出的增长速度小于国内生产总值的增长速度。常用的还有民生支出边际增长倾向（MGP），用来反映每增加一单位国内生产总值时，民生财政支出的增加量。这几个比较有代表性的相对指标可以反映民生支出与国内生产总值的相对变化情况，结果更加客观①。

二、民生财政支出绝对规模分析

用民生支出的总体数额及其增长率作为衡量民生支出绝对规模的指标可以反映政府在民生事业上的投入程度和支持力度，能够看出国家财政的政策取向。由表 3 - 1 中列出了近 9 年来我国民生财政支出情况，可以看出，政府民生支出规模的绝对值不断上升，从 2007 年的 14559.44 亿元逐年增长至 2015 年的 57243.75 亿元，增长了 2.93 倍。财政支出总量也从 2007 年的 49775.86 亿元增长至 2015 年的 175864.06 亿元，增长了 2.53 倍。从政府民生支出和财政支出增长速度来看，我国民生支出的年均增长率达到了 17.53%，财政支出的年均增长率达到了 16.26%，总体来说保持了较高的增长速度。从个别年份来看 2008 年民生支出的增长速度最快，达到了最大的 27.56%，此后增长速度在波动中有所放缓。特别是 2013 年和 2014 年增长速度都低于 10%，直到 2015 年随着中央精准扶贫深入推进，我国的民生支出增长速度又快速上涨到 16.38%。

表 3 - 1　　　　　　　　2007 ~ 2015 年我国民生财政支出情况

年份	国家民生财政支出总量（亿元）	民生支出增长率（%）	财政支出总量（亿元）	财政支出增长率（%）	国内生产总值（亿元）	民生支出占财政支出的比例（%）	民生支出占GDP的比例（%）
2007	14559.44	——	49775.86	——	268019.4	29.25	5.43
2008	18571.54	27.56	62593.66	25.75	318736.7	29.67	5.83

① 闫婷. 中国财政民生支出规模与结构的优化研究 [D]. 沈阳：辽宁大学，2013.

续表

年份	国家民生财政支出总量（亿元）	民生支出增长率（%）	财政支出总量（亿元）	财政支出增长率（%）	国内生产总值（亿元）	民生支出占财政支出的比例（%）	民生支出占GDP的比例（%）
2009	22038.41	18.67	76310.28	21.91	345629.2	28.88	6.38
2010	26484.82	20.18	89870.44	17.77	408903	29.47	6.48
2011	34036.24	28.51	109230.55	21.54	484123.5	31.16	7.03
2012	41072.73	20.67	125951.33	15.31	534123	32.61	7.69
2013	44772.2	9.01	140219.86	11.33	588018.8	31.93	7.61
2014	49187.37	9.86	151766.03	8.23	636138.7	32.41	7.73
2015	57243.75	16.38	175864.06	15.88	685505.8	32.55	8.35

资料来源：根据历年《中国财政年鉴》《中国统计年鉴》整理计算得到；民生支出包括教育支出、医疗卫生支出、社会保障和就业支出。

三、民生财政支出相对规模分析

（一）民生财政支出占 GDP 的比例

民生财政支出的相对规模反映了民生支出在国民经济中的相对重要性。由表 3-1 和图 3-1 可以看出近几年间国家民生财政支出总量占 GDP 比例在小幅波动中提升，从 2007 年的 5.43% 上升到 2015 年的最大值 8.35%，由此可见我国对民生事业的重视程度不断增加，财政支出的民生导向性更加明显。

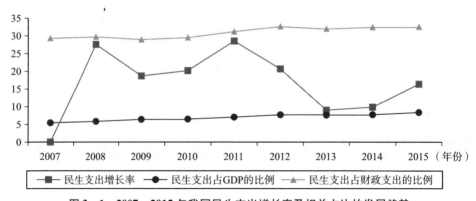

图 3-1 2007~2015 年我国民生支出增长率及相关占比的发展趋势

由于我国民生支出增长率波动较为明显，为了更准确地把握民生支出的规模，还可以采用民生支出的弹性系数来考察民生支出的相对规模。由表 3 - 2 可以看出，2007 ~ 2015 年，我国民生支出弹性除了 2013 年小于 1.00 外，其他 8 年都大于 1.00，总体来看大于 1.00 的年份占绝大多数。这说明这 9 年间，我国民生支出的增长速度快于 GDP 的增长速度。弹性系数最大的年份分别为 2009 年、2015 年和 2012 年，其数值分别为 2.21、2.11 和 2.00，其中 2009 年为了应对全球性的金融危机，我国通过加大民生支出规模来稳定经济和社会发展。自 2013 年 11 月习近平提出"精准扶贫"以来，我国扶贫开发又进入了一个新的进程，此后我国加快了精准扶贫开发的进程，民生支出不断增加，因此 2015 年弹性系数有了大幅度提高，今后也会同样保持快速增长的态势。

表 3 - 2　2007 ~ 2015 年我国民生支出增长弹性系数（Eg）和增长边际倾向（MGP）

年份	民生支出增长弹性系数	民生支出增长边际倾向
2007	—	—
2008	1.46	7.91
2009	2.21	12.89
2010	1.10	7.03
2011	1.55	10.04
2012	2.00	14.07
2013	0.89	6.86
2014	1.21	9.18
2015	2.11	16.32

资料来源：根据历年《中国财政年鉴》《中国统计年鉴》计算得到。

（二）民生财政支出占财政支出的比例

衡量民生支出相对规模除了采用民生支出占 GDP 比例指标外，常用的还有民生支出占财政支出的比例。从表 3 - 1 和图 3 - 1 可以看出近几年我国民生财政支出占财政支出的比例呈现出波动中稳定上升的态势。其中 2009 年民生支出占财政支出比例出现了明显下滑，2013 年也出现了小幅度下滑，其余年份均是增长的趋势。2015 年民生支出占财政支出比例达到最大值 32.55%，虽然跟 2007 年的 29.25% 相比，增长了 3.3 个百分点，9 年间年均增长率达到了 1.4%，但是从比例上来看还不到财政支出的 1/3，可见我国民生财政建设还很薄弱，要想实现以民生支出为主导的资源配置体系，还有很长的路要走。

第二节 民生财政支出结构现状分析

一、民生财政支出结构基本情况

改革开放以来，经过对经济体制诸多领域的大规模改革，财政管理体制逐渐完善，这一演变可以分为三个阶段来进行分析：第一个阶段是 1978～1993 年，这段时期处于分税制改革之前，实行的是财政包干体制；第二个阶段是 1994～2006 年，这段时间处于分税制改革之后到党的十七大召开之前；第三个阶段是 2007～2015 年，这段时间处于党的十七大之后，我国财政体制进一步完善。

（一）1978～1993 年民生财政支出情况

1978～1993 年，国民经济开始回暖，我国财政体制进行了几次较大规模的改革，首先是 1980 年中央政府根据 1977 年在江苏省试点的基础上正式实行"划分收支、分级包干"的财政体制，确定了"分灶吃饭"的思想，迈出了新型财政管理体制的重要一步。此后，进一步实行了两步"利改税"，以及"划分税种，核定收支，分级包干"的财政管理体制，充分调动地方政府和企业发展经济的积极性。这段时间我国民生支出是实行财务包干的办法，由中央财政负责支出。

表 3-3 反映了 1978～1993 年我国民生财政支出情况，文教、科学、卫生支出总规模从 1978 年的 112.66 亿元一直上涨到 1993 年的 957.77 亿元，增加了 7.5 倍；文教、科学、卫生支出总规模占财政支出的比重也从 1978 年的 10.04% 上升到 1993 年的 20.63%，增长了 10.59%。这说明我国开始意识到民生问题。从社会保障支出来看，其规模从 1978 年的 18.91 亿元一直上涨到 1993 年的 75.27 亿元，增加了 2.98 倍；然而遗憾的是其占财政支出的比例却没有发生明显的增加。科教文卫、社保两项支出占财政支出的比例从 1978 年的 11.73% 一直上涨到 1993 年的 22.25%，虽然上涨了 10.52%，但占财政支出比例并不高，说明这段时期民生支出并不是政府关注的焦点。

表 3-3　　　　　　　　　　**1978~1993 年我国民生财政支出情况**

指标	1978 年	1980 年	1982 年	1984 年	1986 年	1988 年	1990 年	1993 年
文教、科学、卫生支出（亿元）	112.66	156.26	196.96	263.17	379.93	486.1	617.29	957.77
规模占比（%）	10.04	12.72	16.01	15.47	17.23	19.51	20.02	20.63
社会保障支出（亿元）	18.91	20.31	21.43	25.16	35.58	41.77	55.04	75.27
规模占比（%）	1.69	1.65	1.74	1.48	1.61	1.68	1.78	1.62
全国财政支出规模（亿元）	1122.09	1228.83	1229.98	1701.02	2204.91	2491.21	3083.59	4642.3
科教文卫、社保两项支出占财政支出的比例（%）	11.73	14.37	17.76	16.95	18.84	21.19	21.8	22.25

资料来源：根据历年《中国财政年鉴》《中国统计年鉴》《中国统计摘要》计算得到。

（二）1994~2006 年民生财政支出情况

财政包干体制在一定程度上提高了政府和国有企业的积极性，但由于企业自利行为，导致企业行为短期化，不利于企业经营机制的完善，同时对企业增收节支的激励不足，导致财政收入增长缓慢，削弱了国家宏观调控能力。为了纠正包干体制的弊端，自 1994 年开始我国实施分税制改革，通过规范和调整中央与地方的财权和事权，建立合理的政府间返还机制，以及进一步完善中央与地方结算、上解和补助办法，打破了地方利益割据，调动了地方提升财力的积极性。

表 3-4 反映了 1994~2006 年我国民生财政支出情况，可以看出，文教、科学、卫生支出总规模从 1994 年的 1278.18 亿元一直上涨到 2006 年的 7425.98 亿元，增加了 4.8 倍；而文教、科学、卫生支出总规模占财政支出的比例却从 1994 年的 22.07% 下降到 2006 年的 18.37%，下降了 1.7 个百分点。从社会保障支出来看，其规模从 1994 年的 95.14 亿元一直上涨到 2006 年的 4361.78 亿元，增加了 44.84 倍；同时其占财政支出的比例也从 1994 年的 1.64% 快速上涨到 10.79%。科教文卫、社保两项支出占财政支出的比例从 1994 年的 23.71% 一直上涨到 2006 年的 29.16%，上涨了 5.45%，说明这段时期政府开始逐渐重视民生问题。

表 3-4　　　　　　　　　　**1994~2006 年我国民生财政支出情况**

指标	1994 年	1996 年	1998 年	2000 年	2002 年	2004 年	2006 年
文教、科学、卫生支出（亿元）	1278.18	1704.25	2154.38	2736.88	3979.08	5143.65	7425.98
规模占比（%）	22.07	21.47	19.95	17.23	18.04	18.06	18.37

续表

指标	1994 年	1996 年	1998 年	2000 年	2002 年	2004 年	2006 年
社会保障支出（亿元）	95.14	182.68	595.63	1517.57	2636.22	3116.08	4361.78
规模占比（%）	1.64	2.30	5.52	9.55	11.95	10.94	10.79
全国财政支出规模（亿元）	5792.62	7937.55	10798.18	15886.5	22053.15	28486.89	40422.73
科教文卫、社保两项支出占财政支出的比例（%）	23.71	23.77	25.47	26.78	30	28.99	29.16

资料来源：根据历年《中国财政年鉴》《中国统计年鉴》《中国统计摘要》计算得到。

（三）2007～2015 年民生财政支出情况

2007 年我国开展了政府收支分类改革，民生支出项目和统计口径都发生了变化，重新计算后的民生支出情况见表 3-5。

表 3-5　　　　　　　　2007～2015 年我国财政支出结构及变化趋势

年份	教育		社会保障和就业		医疗卫生		全国财政支出	
	规模（亿元）	占比（%）	规模（亿元）	占比（%）	规模（亿元）	占比（%）	规模（亿元）	增长率（%）
2007	7122.32	14.31	5447.16	10.94	1989.96	4.00	49781.35	—
2008	9010.21	14.39	6804.29	10.87	2757.04	4.40	62592.66	25.74
2009	10437.54	13.68	7606.68	9.97	3994.19	5.23	76299.93	21.90
2010	12550.02	13.96	9130.62	10.16	4804.18	5.35	89874.16	17.79
2011	16497.33	15.10	11109.4	10.17	6429.51	5.89	109247.79	21.56
2012	21242.1	16.87	12585.52	9.99	7245.11	5.75	125952.97	15.29
2013	22001.76	15.69	14490.54	10.33	8279.9	5.91	140212.1	11.32
2014	23041.71	15.18	15968.85	10.52	10176.81	6.70	151785.56	8.25
2015	26271.88	14.94	19018.69	10.81	11953.18	6.80	175877.77	15.87

资料来源：国家统计局历年公布数据。

从表 3-5 可以看出：我国财政支出呈快速增长的态势，从 2007 年的 49781.35 亿元一直增加到 2015 年的 175877.77 亿元，8 年间增长了 2.53 倍，年均增长率达到了 17.1%，财政支出的快速增长为民生支出提供了支持。从民生支出内容来看，教育支出规模从 2007 年 7122.32 亿元，一直增加到 2015 年的 26271.88 亿元，增加了 2.69 倍，教育支出占财政支出的比例变化并不明显，在

15%左右。社会保障和就业支出规模从 2007 年 5447.16 亿元，一直上涨到 2015 年的 19018.69 亿元，增加了 2.49 倍，占比达到了 11%左右。医疗卫生支出规模从 2007 年的 1989.96 亿元，上涨到 2015 年的 11953.18 亿元，增加了 5.01 倍，占比也从 4.00%上涨到 6.80%。可见 2007 年后，我国民生支出上了新台阶，尤其是医疗卫生支出出现了较大幅度的增长，有效地保障了人民群众身体健康，缓解了看病难看病贵的现象，体现了党和政府改善民生的决心。

需要说明的是受统计口径的限制，现行公布的民生支出还有很多项目未被纳入其中，因此实际的民生支出水平要大于公布的数据。

二、各项民生财政支出增长率发展趋势

表 3 - 6 和图 3 - 2 反映了 2007～2015 年我国各项民生支出总量及其增长率情况。总体来看，不管是教育、医疗卫生还是社会保障和就业支出都呈增长的趋势，自 2002 年政府工作报告中首次提出"民生财政"概念以来，我国开始加大了民生建设，尤其是最近几年国家开始重点关注民生发展，取得了一定的效果。从三大类民生支出年均增长率来看：涨幅最大的是医疗卫生支出，年均增长率为 25.12%，其次是教育支出，年均增长率为 17.72%；涨幅相对最小的是社会保障和就业支出，年均增长率为 16.92%。

表 3 - 6　　　　　　　　2007～2015 年各项民生支出总量及其增长率

年份	教育支出（亿元）	增长率（%）	社会保障和就业支出（亿元）	增长率（%）	医疗卫生支出（亿元）	增长率（%）
2007	7122.32	—	5447.16	—	1989.96	—
2008	9010.21	26.51	6804.29	24.91	2757.04	38.55
2009	10437.54	15.84	7606.68	11.79	3994.19	44.87
2010	12550.02	20.24	9130.62	20.03	4804.18	20.28
2011	16497.33	31.45	11109.40	21.67	6429.51	33.83
2012	21242.10	28.76	12585.52	13.29	7245.11	12.69
2013	22001.76	3.58	14490.54	15.14	8279.90	14.28
2014	23041.71	4.73	15968.85	10.20	10176.81	22.91
2015	26271.88	14.02	19018.69	19.10	11953.18	17.46

资料来源：国家统计局历年公布数据。

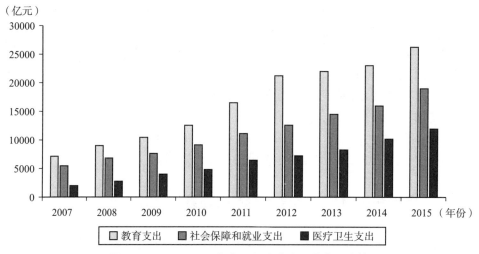

图 3 - 2　2007～2015 年各项民生支出总量发展趋势

　　从三大类民生支出具体年份的增长率变动情况来看（见图 3 - 3），各民生支出项目均处于波动变化状态，且差异较大。具体来说：教育支出的增长率波动幅度较大，总体呈下降趋势。从 2008 年的 26.51% 下降为 2015 年 14.02%，其中 2011 年达到最大值 31.45%，2013 年达到最小值 3.58%。其次是医疗卫生支出增长率，从 2008 年的 38.55% 下降为 2015 年的 17.46%；增长最快的一年是 2009 年，达到 44.87%，这主要是受金融危机的影响，我国出台了一系列保民生

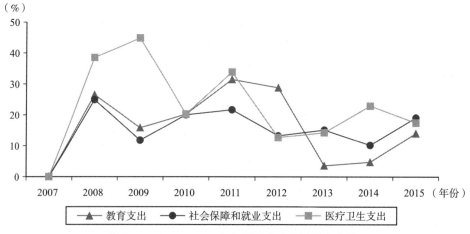

图 3 - 3　2007～2015 年各项民生支出增长率变化

的举措，大幅度增加了医疗卫生支出；2012 年增长幅度最小，达到了 12.69%。社会保障和就业支出增长率也在波动中呈现出小幅下降的趋势，从 2008 年的最高增长率 24.91% 下降为 2015 年的 19.10%，2014 年达到最小值 10.20%。

从政府宏观政策与方针来看，政府今后还将会继续加大对教育、医疗卫生、社会保障和就业的投入力度。

三、国内各项民生财政支出占 GDP 比例发展趋势

表 3 - 7 反映的是 2007～2015 年我国各项民生财政支出占 GDP 的比例，教育、医疗卫生、社会保障和就业三大类民生支出占 GDP 比例在总体上呈现上升的趋势；三大民生支出中教育所占的比例最高，其次是社会保障和就业，医疗卫生所占比例最低。具体来看，教育支出占 GDP 比例在波动中上升，从 2007 年的 2.66% 上涨到 2015 年的 3.83%，2012 年达到最大值 3.98%，说明我国对教育的重视程度逐渐加强；社会保障和就业比例由 2007 年的 2.03% 上升为 2015 年的 2.77%，一直处于稳定上升状态但上升幅度较小，长期占国内生产总值的 2% 左右，虽然我国社会保障支出逐年在增加，但仍然无法满足社会的需求，应该继续加大社会保障供给；医疗卫生支出占 GDP 比例一直呈稳定上升的态势，从 2007 年的 0.74% 上升到 2015 年的 1.74%，虽然我国医疗支出逐年增加，但所占比例仍然很低，还无法满足人民群众看病的需要，与国外发达国家医疗卫生支出比例相比相差很远，因此为了实现全社会"病有所医"，需要继续加快医疗卫生体制改革。

表 3 - 7			2007～2015 年我国各项民生财政支出占 GDP 的比例					单位：%	
年份	2007	2008	2009	2010	2011	2012	2013	2014	2015
教育支出占比	2.66	2.83	3.02	3.07	3.41	3.98	3.74	3.62	3.83
社会保障和就业支出占比	2.03	2.13	2.2	2.23	2.29	2.36	2.46	2.51	2.77
医疗卫生支出占比	0.74	0.86	1.16	1.17	1.33	1.36	1.41	1.60	1.74

资料来源：根据 2008～2016 年《中国财政年鉴》和《中国统计年鉴》整理计算而来。

第三节　以中央和地方划分的民生财政支出结构特征

我国财政部主要根据公共财政支出的功能性质和财政支出的具体用途进行分

类。在 2006 年以前，所涉及的民生财政支出子项目主要有教育事业费支出、卫生事业费支出、社会保障补助支出等。2007 年财政部对公共财政收支科目实施了分类改革，对原有的分类方法进行了调整，统计口径发生了变化，涉及民生财政支出子项目的主要有教育支出、医疗卫生支出、社会保障和就业支出等。虽说调整之后，主要项目数据有了一定的改变，但这三项主要的民生财政支出数据的统计口径跟之前相比没有发生太大的改变。因此，不仅可以从中央政府和地方政府来探讨我国民生财政支出的规模和结构特征，也可以根据各项民生财政支出的变动情况来考察我国中央和地方政府责权划分是否合理。

一、中央与地方民生财政支出规模基本情况

图 3-4 反映了中央和地方民生财政支出规模的变动趋势，可以看出，中央与地方民生财政支出规模不断扩大，中央民生财政支出由 2007 年的 772.1 亿元增加到 2015 年的 2165.75 亿元，年均增长 13.76%；地方民生财政支出由 2007 年的 13787.34 亿元增加到 2015 年的 55078 亿元，年均增长 18.9%。总体来说，中央民生财政支出和地方民生财政支出的增长势头迅猛，总体规模和速度呈不断上升的趋势，这跟 1994 年推行的分税制财政体制改革有关，随着改革的不断深化，民生类财政支出规模及其增长速度明显增加。2007~2015 年，地方民生财政支出的规模均大于中央民生财政支出，并且相对而言，中央民生财政支出的增长趋势较为平缓，远不及地方民生财政支出。因此，两者的差距越来越大，绝对差距由 2007 年的 13015.24 亿元扩大到 2015 年的 52912.25 亿元。

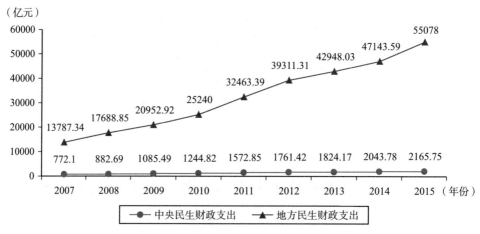

图 3-4　2007~2015 年中央和地方民生财政支出规模的变动趋势

二、中央与地方民生财政支出所占比例情况

表 3 − 8 显示了 2007 ~ 2015 年中央与地方民生财政支出所占比例的情况，从这一整个阶段来看，中央占比是处于下滑的趋势，地方占比则处于上升的趋势。中央占比由 2007 年的 5.30% 下降到 2015 年的 3.78%，地方占比由 2007 年的 94.70% 上升到 2015 年的 96.22%。另外，从数值来看，地方民生财政支出所占比例都在 95% 左右，占据绝对的地位，中央占比则显得极少。

表 3 − 8			2007 ~ 2015 年中央和地方民生财政支出所占比例						单位：%
年份	2007	2008	2009	2010	2011	2012	2013	2014	2015
中央占比	5.30	4.75	4.93	4.70	4.62	4.29	4.07	4.16	3.78
地方占比	94.70	95.25	95.07	95.30	95.38	95.71	95.93	95.84	96.22

资料来源：根据 2008 ~ 2016 年《中国统计年鉴》整理计算而来。

三、按支出用途划分的民生财政支出结构特征

图 3 − 5、图 3 − 6、图 3 − 7 分别显示了中央和地方教育事业费支出、卫生事业费支出和社会保障支出的变动趋势，可以清晰地看出，这三项支出的变动趋势跟总的民生财政支出变动趋势基本保持一致。这也进一步说明，在民生支出项目上，我国中央和地方政府的责权划分是非常明晰的。

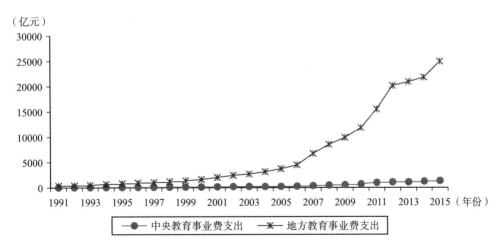

图 3 − 5　1991 ~ 2015 年中央和地方教育事业费支出变动趋势

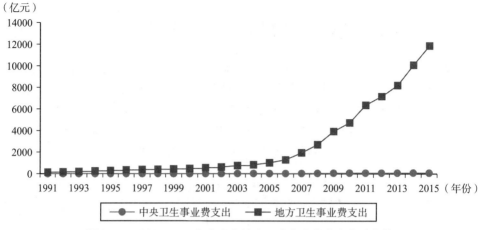

图 3 - 6　1991～2015 年中央和地方卫生事业费支出变动趋势

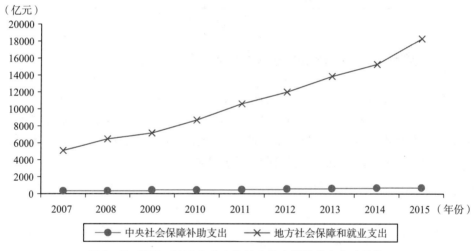

图 3 - 7　2007～2015 年中央和地方社会保障支出变动趋势

本 章 小 结

　　本章对 1978～2015 年我国民生财政支出的总体情况进行了分析，从民生财政支出的规模来看，民生财政支出规模的绝对值总体上呈现较为明显的增长趋势，上升幅度较大。民生财政支出规模的相对量在总体上也是呈上升趋势，但是上升幅度较小；从我国民生财政支出结构来看，教育支出、医疗卫生支出、社会保障和就业支出这三项民生支出在总量上都是呈上升趋势的，各项民生支出项目的增长率变化趋势具有较大差别，虽然 2015 年增长率有所增加，但总体上呈波动之中下降的趋势。具体来说，教育支出的增长率波动幅度较大，总体呈下降趋势。医疗卫生支出和社会保障和就业支出这两项的增长率总体上是呈波动下降趋势的；从民生支出占 GDP 比例来看，各项民生支出占 GDP 的比例在总体上都是呈现上升趋势的。其中，教育支出比例呈现波动上升趋势，社会保障和就业支出比例一直处于稳定上升状态但上升幅度较小，医疗卫生支出比例呈稳步上升趋势，但与发达国家相比，我国的医疗卫生支出水平还相差甚远。

对中央和地方的民生财政支出进行划分后，发现：中央与地方的民生财政支出规模都在持续地扩大；教育、医疗卫生、社会保障和就业支出这三项民生财政支出主要由地方政府进行，中央政府的占比非常小；分项来看，也是如此。

第四章

民生财政支出规模影响城乡居民收入差距的实证分析

"民生财政"一词，自 2002 年政府工作报告中提出以来，迅速成为热点，成为我国现阶段财政运行的主要模式。民生财政以服务民生为直接导向，其内容包括教育、医疗、社会保障和就业等与老百姓生活息息相关的财政支出，其目的是将经济发展成果惠及民生，增进社会的福利水平，具有明显的再分配功能。[①] 因此民生财政是缩小城乡居民收入差距的一种重要手段，这已成为共识。国内外文献从财政支出视角对城乡居民收入差距展开的研究可谓是汗牛充栋，但所得的结论并不一致。这可能是由于地区异质性的存在，以及没有从空间维度上来考虑民生财政支出对城乡居民收入差距的空间效应。近几年来，随着空间计量经济学的快速发展和完善，国内越来越多的经济学分析中都采用空间计量的方法来展开定量研究。鉴于此，本书从空间溢出视角，探讨民生财政支出对城乡居民收入差距的影响，以期获得更客观准确的结果。本章试图回答以下几个问题：民生财政支出规模和城乡居民收入差距有何空间特征？民生财政支出规模对城乡居民收入差距有何影响？城乡居民收入差距是否存在空间溢出效应？考虑了空间溢出效应后的民生支出规模会对城乡居民收入差距产生怎样的变化？

---

① 洪源，杨司键，秦玉奇. 民生财政能否有效缩小城乡居民收入差距？[J]. 数量经济技术经济研究，2014（7）：3-20.

第一节　民生财政支出影响城乡居民收入差距的理论模型

一、民生财政实施前的模型情况

在借鉴聂海峰和刘怡（2010）、孙永强（2012）、洪源等（2016）人的研究基础上，假设中国城乡二元经济结构中只有城市居民（U）和农村居民（R）两类人。以规模报酬不变的柯布—道格拉斯生产函数为基础，考虑政府在收入分配中起的主导性质，参考政府支出内生经济增长模型[①]，在原模型中加入政府支出 G，将包含了政府民生财政支出变量在内的城市与农村两部门规模报酬不变的生产函数设定为：

$$Y_U = A_U (G_{US} K_U)^{\alpha} (G_{UM} L_U)^{1-\alpha} \qquad (4.1)$$

$$Y_U = A_R (G_{RS} K_R)^{\beta} (G_{RM} L_R)^{1-\beta} \qquad (4.2)$$

其中，A_U 和 A_R 分别表示城市生产部门和农村生产部门的外生技术进步；α 和 β 分别表示城市和农村部门的资本—产出弹性系数，均介于 0 和 1 之间，即满足 $0 < \alpha < 1$ 和 $0 < \beta < 1$；G_{US} 和 G_{RS} 分别表示城市和农村用于基础设施建设的投资性财政支出；K_U 和 K_R 分别表示城市和农村生产部门投入的资本；G_{UM} 和 G_{RM} 分别表示城市和农村用于教育、医疗卫生、社会保障和就业等方面的民生性财政支出；L_U 和 L_R 分别表示城市和农村从事生产的劳动力数量；此时的城乡居民收入差距（没有实施民生财政之前）为：

$$urgap_0 = \frac{y_{U0}}{y_{R0}} = \frac{Y_U / L_U}{Y_R / L_R} = \frac{A_U (K_U / L_U)^{\alpha} G_{US}^{\alpha} (G_{UM})^{1-\alpha}}{A_R (K_R / L_R)^{\beta} G_{RS}^{\beta} (G_{RM})^{1-\beta}} \qquad (4.3)$$

结合中国的实际情况可知，由于农村生产部门的产出弹性均在一定程度上小于城市生产部门的产出弹性，即城市生产部门边际生产率高于农村生产部门，因此在以 GDP 为考核目标的政绩观下，政府为了实现经济产出最大化，将更多的财政资金投向了城市生产部门，出现了 $G_{US} > G_{RS}$，$G_{UM} > G_{RM}$。这种"城市偏向"的财政支出政策，也导致了城乡居民收入差距 $urgap_0$ 持续扩大。

[①]　BARRO R J. Government Spending in a Simple Model of Endogeneous Growth ［J］. Rcer Working Papers，1988，98（5）：103 – 126.

二、民生财政实施后的模型情况

接下来考虑实施民生财政后，民生财政支出活动对城乡居民收入差距产生怎样的影响。首先，民生财政实施之后，财政支出目标从过去追求"经济产出最大化"转变为"社会福利最大化"。其次，与城市相比较，广大农村地区投放每单位民生财政支出所带来的边际社会福利效应明显更高，因此实施民生财政政策后，财政支出的结构和投向也会发生改变，具体表现为：第一，财政支出中，民生性财政支出所占的比例（相对于生产性财政支出比例）会有明显的提高；第二，民生财政投向具有明显的"农村倾向"特征。

假设 ΔG 表示增加的民生财政支出部分，θ 和 $1-\theta$ 分别表示增加的民生财政支出在城市和农村的分配比例，在"农村倾向"特征下，满足 $0 \leq \theta < 1-\theta$。实施民生财政后的城乡居民收入差距（$urgap_1$）表示为：

$$urgap_1 = \frac{y_{U1}}{y_{R1}} = \frac{Y_U/L_{U1}}{Y_R/L_R} = \frac{A_U(K_U/L_U)^\alpha G_{US}^\alpha (G_{UM}+\theta\Delta G)^{1-\alpha}}{A_R(K_R/L_R)^\beta G_{RS}^\beta (G_{RM}+(1-\theta)\Delta G)^{1-\beta}} < urgap_0$$

(4.4)

由式（4.4）可知，由于 $\theta < 1-\theta$，可以得出 $urgap_1$ 要小于 $urgap_0$，可见"农村倾向"特征的民生财政可以缩小城乡居民收入差距。为了更直观的比较，我们假设一种极端的情况，当 $\theta=0$ 时，即将增加的民生性财政支出全部投向农村，此时的城乡居民收入差距（$urgap_2$）可以表示为：

$$urgap_2 \cong \frac{A_U(K_U/L_U)^\alpha G_{US}^\alpha G_{UM}^{1-\alpha}}{A_R(K_R/L_R)^\beta G_{RS}^\beta (G_{RM}+\Delta G)^{1-\beta}} < urgap_0$$

(4.5)

由式（4.5）可以更加明显地看出，实施"农村倾向"特征的民生财政支出可以有效缩小城乡居民收入差距。

第二节　全国民生财政支出总规模影响城乡居民收入差距的实证分析

一、模型设定

为了对变量间动态关系提供严格的定义，解决内生变量问题，本节采用

VAR 模型（向量自回归模型），研究民生财政支出规模对城乡居民收入差距的影响。VAR 模型可以表示为：

$$y_t = A_1 y_{t-1} + A_2 y_{t-2} + \cdots + A_p y_{t-p} + B_1 x_{t-1} + B_2 x_{t-2} + \cdots + B_r x_{t-r} + \varepsilon_t \quad (4.6)$$

其中，y_t 是 m 维内生变量向量，x_t 是 d 维外生变量向量，A_1，A_2，$\cdots$，A_p 和 B_1，B_2，$\cdots$，B_r 是待估计的参数矩阵，p 和 r 分别表示相关变量的滞后期。ε_t 是随机扰动项。

二、变量的选择和说明

民生财政支出规模（ple）：根据党在十九大报告中提到的提高保障和改善民生水平的内容，包括优先发展教育事业，加强社会保障体系建设、提高就业质量的要求，同时基于已有文献及考虑数据的可获得性，借鉴陈工和何鹏飞（2016）[①] 的做法，全国民生财政支出规模选择教育经费支出（fedu）、医疗卫生支出（fmed）以及社会保障和就业支出（fsoc）三种支出事项分别占全国财政总支出的比例来表示。由于 2007 年政府收支分类改革在统计口径上进行了调整，因此，2007 年以前的民生财政支出采用的是教育事业费、卫生经费、抚恤和社会福利救济费以及社会保障补助支出等四项财政支出之和来表示，2007 年以后的民生性财政支出采用的是财政支出按功能分类中的教育支出、社会保障和就业支出、医疗卫生支出以及保障性住房支出等四项财政支出之和来表示。

城乡居民收入差距（gap）：衡量城乡居民收入差距的常用指标有泰尔指数（Theil）、基尼系数（Gini）、城乡居民收入比以及城乡消费支出比等。鉴于数据的完整性和可获取性，参照多数学者都选用城乡居民收入比来衡量城乡居民收入差距[②]。因此本节采用城乡居民收入比来衡量城乡居民收入差距，为了消除物价上涨带来的影响，采用 CPI 指数对经济变量进行了平减。根据数据的可获得性，本书采用 1989～2015 年的时间序列数据，样本容量为 27。相关数据来源于 eps 数据库、中经网数据库、历年《中国财政统计年鉴》以及各省统计年鉴。

为了克服异方差带来的影响，本书对民生支出规模（ple）和城乡居民收入比（gap）都做了对数处理。处理后对应的变量分别为 lnple、lngap。图 4－1 为 lnple 和 lngap 的时间序列。

---

① 陈工，何鹏飞. 民生财政支出分权与中国城乡居民收入差距 [J]. 财贸研究，2016（2）：95－103.

② 杨竹莘. 城乡居民收入差距分析及其治理 [M]. 北京：社会科学文献出版社，2017.

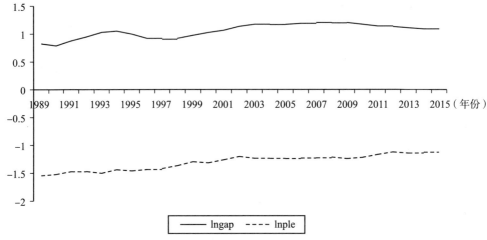

图 4 – 1　1989 ～ 2015 年 lnple 和 lngap 的时间序列

三、实证检验与分析

（一）变量的 ADF 检验

为了避免时间序列实证过程中出现伪回归现象，先要对变量进行 ADF（Augmented Dickey – Fuller）检验，检验结果如表 4 – 1 所示。

表 4 – 1　　　　　　　　　　　ADF 检验结果

变量	检验形式（C，T，L）	检验值	临界值	结论
lnple	（C，0，1）	– 3.415	– 2.931 ***	平稳
lngap	（C，T，1）	– 4.012	– 3.568 ***	平稳

注：*、**、*** 分别表示 10%、5%、1% 的显著性水平；（C，T，L）表示检验模型含有截距项、趋势项、滞后阶数为 L。

在此基础上，我们以时间序列 lnple 和 lngap 建立 VAR 模型如下：

$$lnple_t = \sum_{t=1}^{p} \alpha_1 lnple_{t-1} + \sum_{j=1}^{r} \beta_1 lngap_{t-j} + \varepsilon_{1t}$$

$$lngap_t = \sum_{t=1}^{p} \alpha_2 lnple_{t-1} + \sum_{j=1}^{r} \beta_2 lngap_{t-j} + \varepsilon_{2t} \tag{4.7}$$

在进行协整检验前，我们先对模型最佳滞后阶数进行选择。首先从较大的阶数开始，通过对应的 LR 值、FPE 值、AIC 值、SC 值、HQ 值来选择。考虑到样本限制，最大滞后阶数从 2 阶开始，具体结果如表 4 – 2 所示，最优的滞后阶数为 2。

表 4 – 2　　　　　　　　　　滞后期长度准则

滞后期 (Lag)	对数似然函数 (LL)	似然比检验 (LR)	最终预测误差 (FPE)	AIC	SC	HQ
0	47.537	NA	0.000077	– 3.79475	– 3.76871	– 3.69658
1	95.3615	95.649	2.00E – 06	– 7.44679	– 7.36866	– 7.15228
2	108.461	26.2*	9.5e – 07*	– 8.20512*	– 8.07489*	– 7.71426*

注：*、**、*** 分别表示 10%、5%、1% 的显著性水平。

（二）实证结果分析

对式 (4.8) 进行估计，得到结果如下：

$$\begin{bmatrix} \text{lngap} \\ \text{lnple} \end{bmatrix} = \begin{bmatrix} 1.290 & -0.598 \\ -0.242 & +0.137 \end{bmatrix} \times \begin{bmatrix} \text{lngap}(-1) \\ \text{lngap}(-2) \end{bmatrix} + \begin{bmatrix} 0.148 & +0.015 \\ 0.761 & +0.250 \end{bmatrix}$$
$$\times \begin{bmatrix} \text{lnple}(-1) \\ \text{lnple}(-2) \end{bmatrix} + \begin{bmatrix} 0.545 \\ 0.148 \end{bmatrix} \tag{4.8}$$

由表 4 – 3 可以看出，模型整体效果良好。其中 lngap 和 lnple 的可决系数分别为 0.9393 和 0.9426，决定性残差协方差为 5.19e – 07，对数似然值为 109.9347，AIC 准则值为 – 7.994778，HQIC 准则值为 – 7.859553，SBIC 准则值为 – 7.507228。说明 VAR 模型稳定且符合各项计量统计标准，可以作为进一步分析的依据。

表 4 – 3　　　　　　　　　VAR 模型滞后阶数选择信息量

	lngap	lnple
RMSE	0.0283	0.0324
R^2	0.9393	0.9426
卡方值	386.7695	410.8081
P 值	0.0000	0.0000
均值	1.0548	– 1.3058
标准差	0.1236	0.1356

续表

	lngap	lnple
对数似然值		109.9347
FPE		1.17e − 06
残差协方差		5.19e − 07
AIC		− 7.994778
HQIC		− 7.859553
SBIC		− 7.507228

（三）格兰杰因果关系检验

根据表 4 - 4 可以得出民生财政支出与城乡居民收入差距的关系如下：在滞后期为 1 期到 4 期时，从 P 值均大于 0.05 可以得出，lngap 不是 lnple 的格兰杰原因；而在滞后期为 1 期到 4 期时，由于对应的 P 值均小于 0.01，因此无法拒绝 lnple 不是 lngap 的格兰杰原因，即选择接受 lnple 是 lngap 的格兰杰原因。因此从整体来看，我国民生财政支出规模与城乡居民收入差距是单向的因果关系。

表 4 - 4 格兰杰因果关系检验结果

原假设	滞后期	样本观测个数	F 值	P 值
lngap 不是 lnple 的格兰杰原因 lnple 不是 lngap 的格兰杰原因	1	26	0.48 7.97	0.4968 0.0033
lngap 不是 lnple 的格兰杰原因 lnple 不是 lngap 的格兰杰原因	2	25	1.12 6.18	0.3468 0.0049
lngap 不是 lnple 的格兰杰原因 lnple 不是 lngap 的格兰杰原因	3	24	0.81 4.90	0.5057 0.0067
lngap 不是 lnple 的格兰杰原因 lnple 不是 lngap 的格兰杰原因	4	23	0.71 3.98	0.5974 0.0095

（四）稳定性检验

由于非稳定的 VAR 模型不可以做脉冲响应函数分析，所以在进行脉冲响应函数分析之前需要进行稳定性检验。从图 4 - 2 可以看出，该 VAR 模型的 4 个根的倒数值都落在单位圆内，说明这是一个平稳的 VAR 模型，可以继续进行脉冲响应函数分析。

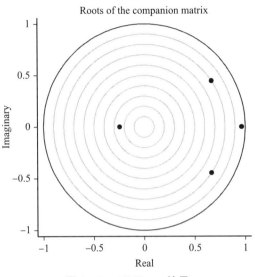

图 4 - 2　**AR Roots 结果**

（五）脉冲响应函数

脉冲响应函数分析一个误差项发生变化会给系统带来的综合影响，对 lnple 和 lngap 做脉冲响应。图 4 - 3 显示城乡居民收入差距受到一个单位正向标准差的自身冲击后，在第 1 期至第 4 期内效应为正向，之后效应变为负向，这说明城乡居民收入差距受到自身的冲击后，刚开始呈正向的促进作用，即扩大城乡居民收入差距，但之后开始逐渐减小，第 4 期后开始减弱，直至第 11 期趋于稳定。整体来看是一个先增后减之后基本保持水平的状态。

图 4 - 4 显示城乡居民收入差距受到一个单位正向标准差的民生财政支出规模冲击后，响应曲线呈现先上升后缓慢下降的趋势，其中在第 1 期至第 3 期冲击反应强度逐渐增大，第 4 期达到顶点，之后开始逐渐小幅递减。整个期间冲击效应都为正，这说明民生财政支出规模的增大会先拉大城乡居民收入差距，随后逐渐降低，存在明显的滞后效应。

图 4 - 5 显示民生财政支出规模受到一个单位正向标准差的城乡居民收入差距冲击后，第 1 期至第 3 期迅速下降，之后开始逐渐递增，整个期间都有较弱的负向效应。这说明民生财政支出规模受到城乡居民收入差距冲击后，会减少民生财政支出规模，但总体影响不大。

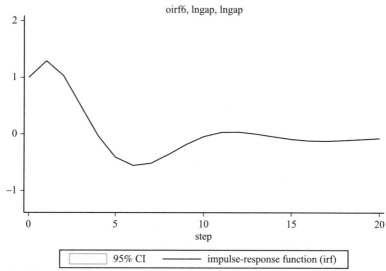

图 4 - 3　城乡居民收入差距受自身冲击后的广义脉冲响应函数曲线

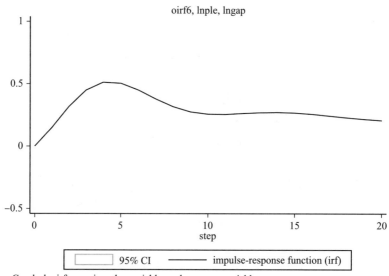

图 4 - 4　城乡居民收入差距受民生财政支出规模冲击后的广义脉冲响应函数曲线

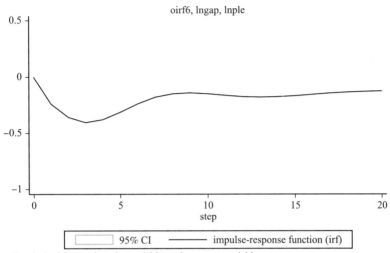

图 4 – 5　民生财政支出规模受城乡居民收入差距冲击后的广义脉冲响应函数曲线

图 4 – 6 显示民生财政支出规模受到一个单位正向标准差的自身冲击后，一直呈下降的趋势，但整个期间都具有明显的正向效应。这说明民生财政支出规模受自身冲击后，会立即发生正向的变化，但这种效应会随着时间而慢慢减弱。

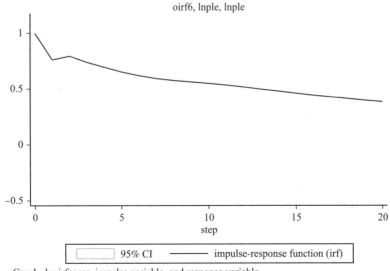

图 4 – 6　民生财政支出规模受自身冲击后的广义脉冲响应函数曲线

(六) 方差分解

对 lngap 和 lnple 进行方差分解测算, 可以测度各个变量变化的贡献率, 以及两者之间相互影响程度。测算结果如表 4 - 5 所示。

表 4 - 5   城乡居民收入差距的方差分解

时期	lngap	lnple
1	1. 000000	0. 000000
2	0. 989996	0. 010004
3	0. 961933	0. 038067
4	0. 912169	0. 087831
5	0. 852167	0. 147833
6	0. 804296	0. 195704
7	0. 776395	0. 223605
8	0. 760434	0. 239566
9	0. 748608	0. 251392
10	0. 738218	0. 261782
11	0. 728918	0. 271082
12	0. 72022	0. 27978
13	0. 711346	0. 288654
14	0. 702026	0. 297974
15	0. 692688	0. 307312

由表 4 - 5 可以看出, 城乡居民收入差距的波动受到一个单位民生财政支出规模标准差的冲击, 影响效应从第 2 期开始持续增强, 由第 2 期的 1.00% 逐渐上升到第 15 期的 30.73%, 呈现出稳步增长的态势。而城乡居民收入差距波动受自身一个单位标准差冲击的影响, 由第 2 期的 99.00% 持续减弱到第 15 期的 69.27%, 可见民生财政支出是影响我国城乡居民收入差距的重要因素, 且随着时间的推移逐渐增强。

由本节的实证结果可以得出, 民生财政支出规模是影响城乡居民收入差距的重要因素, 在短期内可能会扩大收入差距, 但从长期来看会缩小城乡居民收入差距, 民生财政支出规模对城乡居民收入差距的影响存在一定的滞后效应和累积效应。因此, 在当前精准扶贫背景下, 加大民生支出规模, 引导民生支出流向基础设施薄弱、贫困问题突出的农村地区，提高民生支出效率是缩小城乡居民收入差距的重要手段。

第三节 地方民生财政支出规模影响城乡居民收入差距的实证分析

我国自实行财政分权制度以来，财政支出一直分为中央财政支出和地方财政支出。特别是近几年来，地方政府所承担的民生财政支出占到全国的90%以上，因此针对地方民生财政支出规模对城乡居民收入差距产生的影响展开研究，得出的结论可能会更具有针对性和可靠性。

一、模型介绍和设定

（一）动态面板模型

现有研究不少学者都认为城乡居民收入差距是一个动态调整的过程，存在一定的路径依赖，即上期的城乡居民收入差距会对当期的收入差距产生影响（陈工和洪礼阳，2012；洪源等，2016；陈工和何鹏飞，2016），因此我们将城乡居民收入差距的滞后项加入模型中，构建了动态面板模型。另一方面，也有人认为城乡居民收入差距存在一定的空间自相关性和空间依赖性（许海平和傅国华，2013；胡宗义和李鹏，2013；洪源等，2014；肖向东和罗能生，2015），因此本书同时也构建了空间面板模型。以城乡居民人均收入比为被解释变量的动态面板模型分别为式（4.7）和式（4.8）。

$$\mathrm{gap}_{it} = \alpha_0 + \alpha_1 \mathrm{gap}_{i,t-1} + \alpha_2 \mathrm{le}_{it} + \sum \alpha_j X_{it} + \mu_i + \varepsilon_{it} \tag{4.9}$$

$$\mathrm{gap}_{it} = \alpha_0 + \alpha_1 \mathrm{gap}_{i,t-1} + \alpha_2 \mathrm{fedu}_{it} + \alpha_3 \mathrm{fmed}_{it} + \alpha_4 \mathrm{fsoc}_{it} + \sum \alpha_j X_{it} + \mu_i + \varepsilon_{it} \tag{4.10}$$

（二）空间面板模型

1. 空间面板模型介绍

常用的空间计量模型分别如下[①]：

---

① ATEMS B. The spatial dynamics of growth and inequality: Evidence using U. S. Country-level data [J]. Economics Letters, 2013, 118: 19 – 21.

（1）空间滞后模型（Spatial Lag Model，SLM）：

$$y_{it} = \phi \sum_{j-1}^{N} \omega_i(d_{ij}) y_{jt} + X'_{it}\beta + \delta_t + \varphi_i + \varepsilon_{it} \tag{4.11}$$

其中，i 表示地区，t 表示时间，y_{it}、ϕ、X_{it} 分别表示被解释变量、空间自回归系数和解释变量，δ_t 表示时间效应，φ_i、δ_t、ε_{it} 分别表示地区间的空间效应、时间效应和随机误差项。

（2）空间误差模型（Spatial Error Model，SEM）：

$$y_{it} = X'_{it}\beta + \delta_t + \varphi_i + u_{it}, \text{ 其中 } u_{it} = \phi \sum_{j=1}^{N} \omega_i(d_{ij}) u_{it} + \varepsilon_{it} \tag{4.12}$$

其中，u_{it} 是空间自相关的误差项，ϕ 是 u_{it} 的空间自回归的系数。

（3）空间杜宾模型（Spatial Durbin Model，SDM），同时考虑解释变量和被解释变量的空间滞后项，模型形式如下：

$$y_{it} = \phi \sum_{j=1}^{N} \omega_i(d_{ij}) y_{jt} + X'_{it}\beta + \sum_{j=1}^{N} \omega_i(d_{ij}) X'_{ijt}\gamma + \delta_t + \varphi_i + \varepsilon_{it} \tag{4.13}$$

空间计量模型的空间效应：

①反映空间杜宾模型（SDM）的自身偏导数和交叉偏导数的矩阵表达式可以写为：

$$(I_n - \rho W) y = X\beta + WX\theta + \iota_n\alpha + \varepsilon$$
$$y = \sum_{r=1}^{k} S_r(W) x_r + V(W) \iota_n\alpha + V(W)\varepsilon$$
$$S_r(W) = V(W)(I_n\beta_r + W\theta_r) \tag{4.14}$$

②反映空间滞后模型（SLM）、空间误差模型（SEM）的自身偏导数和交叉偏导数的矩阵表达式：

$$(I_n - \rho W) y = X\beta + \iota_n\alpha + \varepsilon$$
$$y = \sum_{r=1}^{k} S_r(W) x_r + V(W) \iota_n\alpha + V(W)\varepsilon$$
$$S_r(W) = V(W) I_n\beta_r \tag{4.15}$$

$n \times n$ 矩阵 $S_r(W)$ 的对角元素拥有直接效应，非对角元素代表间接效应。对比这两个模型的效应，SDM 模型效应多了 $W\theta$ 项。然后对直接效应和间接效应进行如下分解：

$$V(W) = (I_n - \rho W)^{-1} = I_n + \rho W + \rho^2 W^2 + \rho^3 W^3 + \cdots \tag{4.16}$$

2. 模型设定与空间权重选择

常用的空间面板模型包括空间误差模型、空间滞后模型、空间杜宾模型，结合前面分析的民生支出影响城乡居民收入差距的路径，最终选择采用空间滞后模型和空间误差模型，其中空间滞后模型对应的式（4.17），空间误差模型对应的为式（4.18）。

$$gap_{it} = \alpha_0 + \alpha_1 Wgap_{i,t} + \alpha_2 ple_{it} + \sum \alpha_j X_{it} + \delta_{it} \tag{4.17}$$

$$gap_{it} = \alpha_0 + \alpha_1 le_{it} + \sum \alpha_j + \lambda W\varepsilon_{it} + \zeta_{it} \tag{4.18}$$

其中，X_{it} 表示其他控制变量，ζ_{it} 为服从正态分布的随机干扰项。关于空间权重矩阵的选择，采用邻阶（W_1）空间权重矩阵，即当两个单元之间相邻（有共同的边界）时取值为1，反之两个单元不相邻（没有共同边界）时取值为0、自身与自身取值为0。

二、变量的选择和说明

本书采用的是我国31个省份2002～2015年的面板数据。相关数据来源于eps 数据库、中经网数据库、历年《中国财政统计年鉴》以及各省份统计年鉴。为了剔除通货膨胀带来的影响，以2001年为基期，用各地区的居民消费者价格指数（CPI）对相关的变量进行了平减。同时，为了保证数据的平稳性，对人均收入（rgdp）变量进行了取对数处理。

被解释变量：基尼系数（gini）是参考田卫民（2012）的计算方法来进行测算。同时为了保证实证结果的可靠性和稳健性，还采用了城乡居民收入比（Gap）作为被解释变量进行对比分析。

核心解释变量：结合党的十九大报告中提高保障和改善民生水平的内容，包括优先发展教育事业，加强社会保障体系建设、提高就业质量的要求，同时基于已有文献及考虑到数据的可获得性，借鉴陈工和何鹏飞（2016）的做法，民生财政支出选择教育经费支出（fedu）、医疗卫生支出（fmed）以及社会保障和就业支出（fsoc）三种支出事项分别占地区财政总支出的比例来表示。

在控制变量的选择上，选择了以下几个控制变量：

城镇化率（urban）：一方面，城镇化率的提高可以转移农村过剩劳动生产力，提高农业生产效率，有助于农民收入提高；另一方面，伴随着城镇化进程推进，第二、三产业发展产生的新工作岗位也为贫困人口提供了更多的就业机会，能够增加贫困人口的收入水平，均有助于缩小收入差距。因此，本书选择地区非农人口与地区总人口的比值来表示。

地区经济发展水平（rgdp）：由于地区经济发展主要是通过"涓滴效应"和"扩散效应"来对贫困产生消除作用（Todaro，1997），因此采用地区人均国内生产总值来衡量该地区的经济发展水平。

政府干预程度（gov）：一方面，政府是扶贫活动的参与主体，尤其是当前我国精准扶贫活动的开展，政府起的作用至关重要；另一方面，政府为了追求本地区 GDP 增长，会增加生产性支出，忽略民生发展，同时过多的政府干预容易滋生腐败。在此，选择财政支出占 GDP 比例来表示政府干预程度（gov）。

转移支付（tran）：借鉴储德银和赵飞（2013）[①] 的做法，采用各省获得的中央转移支付资金/（各省预算内财政收入 + 中央转移支付资金）来表示，一般来说转移支付程度越高，地方政府的依赖性越强，减贫的动力也就越弱。

对外开放程度（open）：采用当年价换算后的外商投资企业进出口总额/GDP 来表示，一般来说外商投资会增加地区的就业岗位，提高贫困人口的收入水平。

具体变量说明如表 4-6 所示。

表 4-6   变量名称及解释说明

变量性质	变量名称	符号	变量含义
被解释变量	城乡居民收入差距	gini	省际总体居民收入的基尼系数
		gap	城镇居民人均可支配收入/农村居民人均纯收入
核心解释变量	民生财政支出规模	ple	（一般公共预算教育经费支出 + 医疗卫生支出 + 社会保障和就业支出）/地区预算内财政支出
控制变量	转移支付	tran	各省获得的中央转移支付资金/（各省预算内财政收入 + 中央转移支付资金）
	人均 GDP	rgdp	取对数后的人均国内生产总值
	政府干预	gov	财政支出/GDP
	城市化率	urban	非农人口/地区总人口
	对外开放程度	open	出口额/GDP

在进行实证之前，先对各变量进行一个简单的描述性统计，结果如表 4-7 所示。

---

① 储德银，赵飞. 财政分权、政府转移支付与农村贫困——基于预算内外和收支双重维度的门槛效应分析 [J]. 财经研究，2013（9）：4-18.

表4－7 变量的描述性统计

变量	观测值	均值	标准差	最小值	最大值
gini	434	0.1370	0.0712	0.3901	0.0218
gap	434	3.0207	0.6269	1.8304	5.6102
ple	434	0.3634	0.1900	0.0587	0.7760
tran	434	0.5201	0.2018	0.1016	0.8399
rgdp	434	1.0309	0.5080	－0.4136	2.1069
gov	434	0.2500	0.1900	0.0874	1.3459
urban	434	0.5200	0.1400	0.2261	0.8980
open	434	0.1400	0.2200	0.0001	1.1754

三、实证结果与分析

（一）动态面板模型实证结果分析

由于本书的样本是2002～2015年31个省级面板数据，截面数大于时间跨度，即大N小T的短面板数据，因此采用动态面板方程是一种非常有效的选择（Roodman，2006）[①]。考虑到差分广义矩（DIF－GMM）估计量容易受弱工具变量影响而产生向下大的有限样本偏差。因此，本书选择两步系统广义矩估计法（SYS－GMM）进行估计。模型的估计结果见表4－8。

表4－8 民生财政支出影响城乡居民收入差距的动态面板估计结果

解释变量	城乡居民人均收入差距（gap）	基尼系数（gini）
	（1）	（2）
L. gap	0.797 *** （5.34）	—
L. gini	—	0.854 *** （4.69）
ple	－0.126 *** （－4.96）	－0.105 *** （－2.98）

① ROODMAN D M. How to Do xtabond2：An Introduction to "Difference" and "System" GMM in Stata [J]. 2006, 9 (1)：86－136.

续表

解释变量	城乡居民人均收入差距（gap）	基尼系数（gini）
	（1）	（2）
tran	0.391 （1.52）	0.586 * （1.68）
rgdp	0.132 *** （2.93）	0.166 *** （3.86）
gov	0.238 *** （3.55）	0.276 *** （2.83）
urban	− 0.012 *** （3.61）	− 0.032 *** （4.08）
open	− 1.051 *** （− 2.93）	− 1.637 *** （− 2.65）
Sargan	[0.7207]	[0.6471]
AR（1）	[0.0301]	[0.0458]
AR（2）	[0.6122]	[0.8019]

注：括号内的数值表示 t 值，*** 、** 和 * 分别表示 1%、5% 和 10% 的显著性水平；Sargan、AR（1）及 AR（2）检验中括号里给出的是估计量的 P 值。

从表 4 - 3 中民生财政支出对城乡居民收入差距的动态面板估计结果发现：不管是基于城乡居民人均收入比还是基于基尼系数来看，L. gap 和 L. gini 的估计系数都显著为正，这说明我国城乡居民收入差距确实存在连续的动态效应，即上一期的城乡居民收入差距会影响本期的城乡居民收入状况，这种"自我增强"动态调整效应，大大提高了收入分配调整的难度；其次萨根检验的结果表明不存在工具变量的过度识别，即接受"所有工具变量都有效"的原假设，Arellano-abond 序列自相关检验证明不存在残差二阶自相关的问题，综上所述采用动态面板方法进行估计是正确的。

从核心变量来看，虽然由于统计口径不同，民生支出规模（ple）对城乡居民人均收入比和基尼系数的影响系数大小不同，但都显著为负。这说明由于我国民生财政支出覆盖面广以及"农村倾向"特征存在，增加民生财政支出规模有效降低了贫困人口的数量，缩小城乡之间收入差距，这和前面的理论分析结论一致。

从民生支出结构来看，教育支出、医疗支出以及社会保障和就业支出对城乡居民收入差距的影响并不一致。其中教育支出的估计系数为负，且通过了 1% 的显著性水平检验，说明我国实行的免费义务教育和其他各项专项计划，如国务院扶贫开发领导小组在贫困地区实施的"雨露计划"等，都使教育资源在一定程度上惠及贫困地区人口，优化了农村地区的教学质量，提高了农村地区劳动力的人力资本水平和农村人口的创收能力，从而缩小了城乡居民收入差距。

医疗卫生支出的估计系数为 – 0.162，但并没有通过显著性检验，可见我国当前的医疗卫生制度并没有显著缩小城乡居民收入差距。一方面，虽然我国现阶段建立了新型的农村合作医疗制度，加大了基层医疗机构的投入，老百姓反映的看病难看病贵的问题有所缓解，但城乡之间医疗条件仍然存在较大的差别，特别是基层医疗机构环境差、卫生技术人员缺乏、医疗机构能力不足等都抑制了新医改效果的发挥。另一方面，新医改并未有效矫正过度医疗行为，虽然低收入群体获得了更多的医疗服务机会，但也承担了过重的医疗服务私人成本[1]，这也在一定程度上导致我国城乡居民之间的收入分配差距并没有发生显著变化。

社会保障和就业支出的估计系数为 – 0.103，且通过了 5% 的显著性水平。说明我国社会保障支出的增加有助于缩小城乡居民之间的收入差距，这和前面理论分析的相符。可见我国社会保障制度的设立，能通过风险分担机制和互助共济机制有效降低农村劳动力因为年老、体弱、失业、生病所带来的致贫风险，提高了低收入群体抵抗社会风险的能力，有助于缩小城乡居民收入差距。

从控制变量来看，转移支付的系数为正但并不显著，说明我国的转移支付制度并没有起到缩小城乡居民收入差距的作用。这与马拴友和于红霞（2003）[2]、江新昶（2007）[3]、刘穷志（2007）[4]、褚德银和赵飞（2013）[5]、雷根强等（2015）[6]的研究结论相似，主要原因是转移支付过程中，城镇居民受益要高于农村居民。因此调整转移支付结构，纠正转移支付过程中城镇偏向，是未来我国转移支付制度完善的重点所在。

地区经济发展水平的系数显著为负，说明经济发展水平能够有效改善城乡居民的收入差距。

① 李永友，郑春荣. 我国公共医疗服务受益归宿及其收入分配效应——基于入户调查数据的微观分析 [J]. 经济研究，2016（7）：132 – 146.
② 马拴友，于红霞. 转移支付与地区经济收敛 [J]. 经济研究，2003（3）：26 – 33.
③ 江新昶. 转移支付、地区发展差距与经济增长——基于面板数据的实证检验 [J]. 财贸经济，2007（6）：50 – 56.
④ 刘穷志. 转移支付激励与贫困减少——基于 PSM 技术的分析 [J]. 中国软科学，2010（9）：8 – 15.
⑤ 储德银，赵飞. 财政分权、政府转移支付与农村贫困——基于预算内外和收支双重维度的门槛效应分析 [J]. 财经研究，2013，39（9）：4 – 18.
⑥ 雷根强，黄晓虹，席鹏辉. 转移支付对城乡收入差距的影响——基于我国中西部县域数据的模糊断点回归分析 [J]. 财贸经济，2015，36（12）：35 – 48.

政府干预的系数显著为正,说明政府干预程度越深,越不利于缩小城乡居民收入差距,反而扩大了城乡居民收入差距。

城镇化率的系数显著为负,这说明我国随着新型城镇化建设的推进,能创造更多条件来吸纳农村地区劳动力就业,提高劳动者的收入水平,缩小收入差距水平。

对外开放程度的影响系数显著为负,说明外商直接投资的增加,能有效提高我国劳动者的生产率,提高了劳动力(尤其是农村劳动力)的需求量,改善了农村地区的收入水平,有利于缩小了城乡居民收入差距。

考虑到我国地区辽阔,各地区之间发展存在较大差异,不同区域之间的民生财政支出和收入分配格局都可能存在较大差异,因此有必要将我国划分为三大区域①来检验民生财政支出对城乡居民收入差距的影响。实证估计结果如表4-9所示。

表4-9　　　　不同区域民生财政支出对城乡居民收入差距影响的估计结果

解释变量	东部		中部		西部	
	gap	gini	gap	gini	gap	gini
L. gap	0.620 *** (4.01)	—	0.806 *** (3.52)	—	0.933 *** (4.78)	—
L. gini	—	0.658 *** (2.91)	—	0.591 *** (3.06)	—	0.747 *** (4.19)
ple	− 0.489 ** (− 2.17)	− 0.316 ** (− 2.32)	− 0.091 *** (− 4.02)	− 0.203 *** (− 3.08)	− 0.345 *** (− 4.27)	− 0.905 *** (− 3.05)
tran	− 0.078 (− 1.06)	− 0.106 (− 0.93)	0.402 * (1.76)	0.603 (1.47)	0.141 * (1.72)	0.130 * (1.75)
rgdp	− 0.316 * (1.78)	− 0.289 ** (2.06)	0.109 ** (1.99)	0.071 * (1.91)	0.411 *** (2.79)	0.508 *** (3.39)
gov	− 0.733 (1.45)	− 0.901 (1.55)	0.023 ** (2.02)	0.051 * (1.84)	0.301 * (1.77)	0.367 ** (2.16)
urban	− 0.203 * (1.75)	− 0.305 ** (2.26)	− 0.112 (0.99)	− 0.095 * (1.81)	− 0.131 ** (2.21)	− 0.171 * (1.93)
open	0.102 (1.49)	0.388 (1.56)	− 0.856 ** (− 2.27)	− 0.762 ** (− 2.30)	− 0.226 * (− 1.88)	− 0.336 ** (− 2.19)

① 根据国家统计局官方网站上的划分标准,将我国划分为东、中、西三个区域,其中东部地区11个省区市、属于中部地区有9个省区市、属于西部地区有11个省区市。

续表

解释变量	东部		中部		西部	
	gap	gini	gap	gini	gap	gini
Sargan	[0.6023]	[0.6368]	[0.4102]	[0.3109]	[0.7018]	[0.7325]
AR（1）	[0.0009]	[0.0031]	[0.0061]	[0.0044]	[0.1689]	[0.1078]
AR（2）	[0.1321]	[0.1642]	[0.4019]	[0.3512]	[0.7866]	[0.8579]

注：括号内的数值表示 t 值，***、** 和 * 分别表示 1%、5% 和 10% 的显著性水平；Sargan、AR（1）及 AR（2）检验中括号里给出的是估计量的 P 值。以上系统 GMM 采用的是一步估计方法测算出来的结果。

　　从表 4 - 9 可以看出，不管是东部地区、中部地区还是西部地区，城乡居民收入差距的滞后一期项的系数均显著为正，这进一步说明我国城乡居民收入差距的确存在动态效应。且三个地区的回归结果均通过了 AR（2）和 Sargan 检验，说明工具变量是有效的。

　　从我们最关心的核心解释变量回归结果来看，不管是东部地区、中部地区还是西部地区民生财政支出占比的提高均有助于缩小城乡居民收入差距。民生支出缩小城乡居民收入差距效果最强的是西部地区，其次分别是东部地区和中部地区。

（二）空间计量模型实证结果分析

1. 空间相关性检验

　　在进行空间面板模型系数估计之前，需要采用 Moran's Ⅰ 指数方法测度城乡居民收入差距变量的空间相关性。根据测度出来的 Z 值，P 值的显著性来判断 2002~2015 年我国各省份的城乡居民收入差距是否趋于空间集聚，具体结果见表 4 - 10。

表 4 - 10　　　　　　2002~2015 年城乡居民收入差距的全局 Moran's Ⅰ 指数

gap			gini		
年份	Moran's Ⅰ	P-value	年份	Moran's Ⅰ	P-value
2002	0.511***	0.0010	2002	0.469***	0.0051
2003	0.475***	0.0026	2003	0.538***	0.0087
2004	0.485***	0.0045	2004	0.533***	0.0069
2005	0.473***	0.0069	2005	0.509***	0.0031
2006	0.514***	0.0032	2006	0.529***	0.0059

	gap			gini	
年份	Moran's I	P-value	年份	Moran's I	P-value
2007	0.531 ***	0.0051	2007	0.536 ***	0.0006
2008	0.565 ***	0.0010	2008	0.521 ***	0.0012
2009	0.509 ***	0.0031	2009	0.539 ***	0.0081
2010	0.501 ***	0.0041	2010	0.528 ***	0.0033
2011	0.499 ***	0.0049	2011	0.516 ***	0.0041
2012	0.494 ***	0.0045	2012	0.528 ***	0.0028
2013	0.491 ***	0.0046	2013	0.532 ***	0.0065
2014	0.492 ***	0.0033	2014	0.539 ***	0.0078
2015	0.491 ***	0.0039	2015	0.536 ***	0.0072

注：***、**、*分别表示在1%、5%、10%的显著性水平上显著。

由表4-10可以看出，城乡居民收入比和基尼系数的 Moran's I 值由于统计口径不同，大小存在差异，但都为正，且通过了1%水平的显著性检验，可见我国城乡居民收入差距存在显著的空间相关性，因此有必要从空间角度探讨城乡居民收入差距的影响因素。

2. 空间面板模型估计结果

由前面的 Moran's I 指数检验得知我国城乡居民收入差距之间存在显著的空间相关性，因此有必要采用空间面板模型来估计考虑空间因素情况下民生财政支出对城乡居民收入差距的影响。

由于事先无法根据经验推断空间滞后模型（SAR）和空间误差模型（SEM）哪个模型更为恰当，因此需要通过两个拉格朗日乘子 LMERR、LMLAG 及其稳健性（Robust）的 R-LMERR、R-LMLAG 等统计量来进行空间依赖性检验。如果检验结果显示 LMERR 较之 LMLAG 在统计上更为显著，且 R-LMERR 显著而 R-LMLAG 不显著，则可以判定空间误差模型（SEM）更合适；反之，则可以判定空间滞后模型（SAR）更为合适。城乡居民人均收入比统计量和基尼系数统计量的 LM 和 Robust LM 检验结果如表4-11所示。

表 4 – 11　　　　　　　　　　　　**LM 和 Robust LM 检验结果**

检验方法	gap	gini
LM test no spatial lag （LMLAG）	3. 9398 ** （0. 0289）	6. 0879 ** （0. 0137）
Robust LM test no spatial lag （R_LMLAG）	3. 2533 ** （0. 0361）	6. 8219 *** （0. 0089）
LM test no spatial error （LMERR）	3. 0272 * （0. 0802）	3. 2710 * （0. 0712）
Robust LM test no spatial error （R_LMLERR）	1. 0327 （0. 2315）	3. 0173 ** （0. 0336）

注：***、**、* 分别表示在 1%、5%、10% 的显著性水平上显著。括号里面为 p 值。

从表 4 – 11 可知，基于城乡居民人均收入比检验的 LMLAG 比 LMERR 更显著，且 R_LMLAG 显著而 R_LMLERR 不显著，可见空间滞后自相关性比空间误差自相关性更加显著，因此应该采用空间滞后自相关模型。同理基于基尼系数检验的 LMLAG 比 LMERR 更显著，且 R_LMLAG 也比 R_LMLERR 显著，因此也应该采用空间滞后模型分析民生财政支出对城乡居民收入差距的影响。估计结果见表 4 – 12。

表 4 – 12　　　　　　民生财政支出影响城乡居民收入差距的空间面板估计结果

解释变量	gap		gini	
	（1）	（2）	（3）	（4）
W × gap	0. 557 *** （10. 33）	0. 379 *** （8. 19）	—	—
W × gini	—	—	0. 319 *** （7. 23）	0. 521 *** （10. 03）
ple	- 0. 316 ** （ - 2. 32）	—	- 0. 097 *** （ - 3. 98）	—
tran	0. 162 （1. 02）	0. 619 （0. 99）	- 0. 026 （1. 16）	0. 299 （1. 32）
rgdp	0. 088 （1. 09）	- 0. 105 （1. 53）	- 0. 239 （0. 95）	- 0. 133 * （1. 78）
gov	0. 316 （1. 25）	0. 519 （1. 36）	0. 629 （1. 53）	0. 905 （1. 19）

续表

解释变量	gap		gini	
	（1）	（2）	（3）	（4）
urban	− 0. 006 ** （2. 51）	− 0. 011 * （1. 80）	− 0. 002 * （1. 75）	− 0. 008 ** （2. 68）
open	− 0. 055 （ − 1. 35）	− 0. 105 * （ − 1. 76）	− 0. 593 * （ − 1. 65）	− 0. 910 * （ − 2. 01）
R²	［0. 908］	［0. 922］	［0. 967］	［0. 978］
LogL	［161. 530］	［177. 638］	［869. 581］	［901. 715］

注：括号内的数值表示 t 值，***、** 和 * 分别表示 1%、5% 和 10% 的显著性水平；LogL 为对数似然检验。

从表 4 - 12 可以看出，无论是模型（1）和模型（2）的 W × gap 还是模型（3）和模型（3）的 W × gini 的估计系数都为正，且通过了 1% 的显著性检验，这反映了我国城乡居民收入差距存在空间上的依赖性，邻近省份的城乡居民收入差距的扩大会导致本地区收入差距也会扩大，相反邻近省份的城乡居民收入差距的缩小，也会导致本省的城乡居民收入差距缩小，可见省域之间的城乡居民收入差距存在明显的溢出效应。从城乡人均收入比和基尼系数的回归结果对比来看，基尼系数无论是拟合优度还是对数似然函数都要大于基于城乡人均收入比的结果，这再一次证明了采用基尼系数来度量城乡居民收入差距效果要更好。

3. 直接效应与间接效应

由于在地区发展过程中某因素的变化，在空间上不但会对该地区产生直接的本地效应，而且邻近地区的因素变化也还会通过空间互动过程产生区域之间的间接溢出效应。根据上面的估计结果，列出邻阶空间权重矩阵下各个解释变量的直接效应与间接效应（溢出效应），分析其对城乡居民收入差距产生的空间溢出效应，具体见表 4 - 13。

表 4 - 13　　　　　　　　　　邻阶矩阵下空间溢出效应的分解

变量	直接效应	间接效应	总效应
ple	− 0. 083 ***	− 0. 022 ***	− 0. 105 ***
tran	0. 011	0. 005	0. 016
rgdp	− 0. 098 *	− 0. 031 *	− 0. 129 *
gov	0. 229 *	0. 033 *	0. 262 *

续表

变量	直接效应	间接效应	总效应
urban	− 0.165 **	− 0.021 **	− 0.186 **
open	− 0.107 ***	− 0.072 **	− 0.179 **

注：*** 、** 、* 分别表示在 1%、5%、10% 的显著性水平上显著。

　　由表 4 – 13 可以看出民生财政支出规模对地区城乡居民收入差距的直接效应显著为负，间接效应显著为负，总效应也显著为负，这说明民生财政支出规模不仅有利于缩小本地区城乡居民收入差距，还能缩小邻近地区的城乡居民收入差距，即民生财政支出存在明显的溢出效应。而从其他控制变量来看，地区经济发展水平、城镇化率以及对外开放水平的直接效应和间接效应都为负，这说明一个地区的经济发展、城镇化建设和对外开放程度越高不仅会改善本地区的收入分配差距，还会间接地影响周边邻近地区的要素合理流动，从而起到缩小收入差距的作用。而转移支付的直接效应和间接效应都不显著，这说明我国的转移支付制度在实际执行过程中出现了偏差，没有起到缩小收入差距的作用。政府干预的直接效应和间接效应都显著为正，这可能是由于地方政府更多地从自身的政绩出发，追求本地区城市经济发展，相对忽略了本地区民生需求，导致城乡居民收入差距越拉越大。同时由于不同地区政府之间存在合作竞争的关系，也容易导致周边地区效仿本地区政府做法，也会导致相邻地区城乡居民收入差距的扩大。

本 章 小 结

　　本章首先采用时间序列 VAR 方法实证检验了 1989 ~ 2015 年我国民生财政支出规模与城乡居民收入差距之间的关系；接着采用 2002 ~ 2015 年我国 31 个省级面板数据，运用动态面板模型和空间面板模型实证分析了我国民生财政支出规模对城乡居民收入差距的影响。得出了以下结论：

　　第一，在向量自回归模型实证分析中，民生财政支出规模是影响城乡居民收入差距的重要因素，在短期内可能会扩大城乡居民收入差距，但从长期来看会缩小城乡居民收入差距，民生财政支出规模对城乡居民收入差距的影响存在一定的滞后效应和累积效应。

　　第二，在动态面板数据模型实证分析中，民生财政支出规模变量虽然对于城乡居民人均收入比和基尼系数的影响系数大小不同，但都显著为负，说明加大我国民生财政支出规模能起到有效缩小城乡居民收入差距的作用。

第三，从控制变量来看，转移支付并没有起到明显的缩小城乡居民收入差距的作用。政府干预程度越深，反而拉大了城乡居民收入差距。地区经济发展水平、城镇化率、对外开放程度都能起到缩小城乡居民收入差距的作用。

第四，分地区来看，不管是东部地区、中部地区还是西部地区，民生财政支出规模都能起到缩小收入差距的作用，但不同地区作用大小不同。其中，民生财政规模的作用从大到小依次是西部、东部和中部。

第五，在空间面板实证分析过程中，我们进一步发现了省域之间的城乡居民收入差距存在空间集聚特征，且正向溢出效应明显。民生财政支出活动还会对周边邻近地区产生间接的溢出作用。

第五章

民生财政支出结构影响城乡居民
收入差距的实证分析

从社会资源配置视角来看，只有民生财政支出结构才能反映民生财政资金的最终流向，而民生财政资金最终流向又会对城乡居民收入产生影响。因此，在当前精准扶贫背景下，除了加大民生财政支出规模外，进一步调整和优化民生财政支出结构也是缩小我国城乡居民收入差距的另一着力点。考虑到我国财政分权体制，以及省际之间财力和财政支出政策上的差异，本章将从全国层面和省级层面来探讨民生财政支出结构对城乡居民收入差距产生的影响。

第一节　全国民生财政支出结构影响城乡
居民收入差距的实证分析

根据前面对民生财政支出的定义，本节将从教育经费支出、医疗卫生支出以及社会保障和就业支出三种支出事项来探讨民生财政支出结构对城乡居民收入差距的影响，重点探究这三种民生支出对城乡居民收入差距的短期动态关系和长期均衡关系。

一、模型设定与变量选择

在计量方法上本节同样采用时间序列向量自回归（VAR）模型，具体模型设定为：

$$\ln gap_t = \sum_{t=1}^{r} \alpha_1 \ln gap_{t-1} + \sum_{a=1}^{o} \beta_1 \ln fedu_{t-a} + \sum_{b=1}^{p} \gamma_1 \ln fmed_{t-b} + \sum_{c=1}^{q} \delta_1 \ln fsoc_{t-c} + \varepsilon_{1t}$$

$$(5.1)$$

二、变量的选择和说明

民生财政支出结构：借鉴陈工和何鹏飞（2016）[①] 的做法，全国民生财政支出结构选择教育经费支出、医疗卫生支出以及社会保障和就业支出三种支出事项分别占全国财政总支出的比例来表示。

城乡居民收入差距：参照多数研究者的做法，同时考虑数据的完整性和可获得性，仍然采用城乡居民收入比来衡量。为了消除物价上涨带来的影响，采用对应的 CPI 指数对经济变量进行了平减。考虑数据的可获得性，采用 1991～2015年的时间序列数据，样本容量为 25。相关数据来源于 eps 数据库、中经网数据库、历年《中国财政统计年鉴》以及各省统计年鉴。为了克服异方差带来的影响，本节还对教育支出、医疗卫生支出、社会保障和就业支出及城乡居民收入比都做了对数处理。处理后对应的变量分别为 lnfedu、lnfmed、lnfsoc、lngap。

三、实证检验与结果分析

（一）变量的单位根检验

为了避免时间序列实证过程中出现伪回归现象，先要对变量进行 ADF（Augmented Dickey – Fuller）检验，检验结果如表 5 – 1 所示。

表 5 – 1 ADF 检验结果

变量	检验形式（C，T，L）	检验值	临界值	结论
lngap	（C，T，1）	– 4.736	– 4.380***	平稳
lnfedu	（C，0，0）	– 4.732	– 3.750***	平稳
lnfmed	（C，0，1）	– 4.777	– 4.380***	平稳
lnfsoc	（C，T，1）	– 5.302	– 4.380***	平稳

注：*、**、*** 分别表示在 10%、5%、1% 的显著性水平上显著；（C，T，L）表示检验模型含有截距项、趋势项、滞后阶数为 L。

在进行协整检验前，我们先对模型最佳滞后阶数进行选择。具体结果如表

————————————

[①] 陈工，何鹏飞. 民生财政支出分权与中国城乡居民收入差距 [J]. 财贸研究，2016（2）：95 – 103.

5-2所示，最优的滞后阶数为2。

表5-2　　　　　　　　　　　　　滞后期长度准则

滞后期 （Lag）	对数似然函数 （LL）	似然比检验 （LR）	最终预测误差 （FPE）	AIC	SC	HQ
0	33.6749	NA	3.60E-07	-3.49117	-3.29512	-3.47168
1	93.6422	119.93	2.20E-09	-8.66379	-7.68354	-8.56635
2	122.376	57.467*	7.30E-10*	-10.1618*	-8.39738*	-9.98644*

注：*、**、***分别表示在10%、5%、1%的显著性水平上显著。

（二）协整检验

协整检验可以用来分析民生支出结构与城乡居民收入差距之间是否存在长期均衡的关系。目前关于协整检验常用的方法有Johanson检验和EG检验两种方法，本节选择后者进行协整分析。表5-3显示的是迹统计量检验结果。

表5-3　　　　　　　　　　协整模型向量个数的估计结果

零假设	LL值	特征值	迹统计量	5%临界值	P值
无	83.89314	0.71190	71.2706	47.21	0.0012
至多1个	107.33021	0.66971	24.3964*	29.68	0.0027
至多2个	116.35739	0.54387	6.3421	15.41	0.1026
至多3个	119.39072	0.23185	3.2754	8.76	0.2079

注：*、**、***分别表示在10%、5%、1%的显著性水平上显著。

由表5-3可以看出，拟检验的模型存在2个协整关系。因此，本节选取第一个协整关系，对应的估计方程为：

$$\ln gap_{t-1} = -0.0827\ln fedu_{t-1} - 0.0329\ln fmed_{t-1} + 0.0355\ln fsoc_{t-1} + 0.0253$$

$$(5.2)$$

协整方程揭示了1991～2015年我国民生支出结构与城乡居民收入差距之间长期均衡稳定的关系。其中教育支出、医疗卫生支出均与城乡居民收入差距呈负相关的关系，即教育支出和医疗卫生支出比例的上升，有助于缩小我国城乡居民收入差距；社会保障支出与城乡居民收入差距之间呈正相关的关系，即社会保障支出比例的上升，并没有起到缩小城乡居民收入差距的作用，相反扩大了城乡居民收入差距。

(三) 误差修正模型 (VECM) 及其诊断检验

在上述长期稳定协整关系的基础上，接着建立误差修正模型 (VECM) 来探究教育支出、医疗卫生支出、社会保障和就业支出对城乡居民收入差距影响的短期动态效应。误差修正模型估计结果如表 5 - 4 所示。

表 5 - 4 误差修正模型估计结果

变量	$Dlngap_t$		
	系数	t 值	P 值
$ce1_{t-1}$	- 0.2013 ***	- 3.87	0.000
$lngap_{t-1}$	0.6723 ***	4.87	0.000
$lngap_{t-2}$	- 0.3972 ***	- 2.99	0.003
$lnedu_{t-1}$	0.0860 **	2.20	0.028
$lnedu_{t-2}$	- 0.0373	- 0.94	0.348
$lnfmed_{t-1}$	0.0306	1.17	0.241
$lnfmed_{t-2}$	0.0434	1.33	0.185
$lnfsoc_{t-1}$	0.0082	0.56	0.579
$lnfsoc_{t-2}$	0.0348 **	2.43	0.015
_cons	- 0.0095 **	- 2.09	0.036

注: * 、 ** 、 *** 分别表示在10%、5%、1%的显著性水平上显著。

误差修正模型估计结果显示，协整方程 $ce1_{t-1}$ 的估计系数为 - 0.2013，t 值为 - 3.87，且在 1% 的显著性水平下拒绝原假设，调整方向符合误差修正机制，可以保持并自动地调节三大民生支出与城乡居民收入差距之间的长期均衡关系。

(四) 格兰杰因果关系检验

格兰杰因果关系检验如表 5 - 5 所示。

表 5 - 5 格兰杰因果关系检验结果

原假设	样本观测个数	F 值	P 值	结论
$lngap$ 不是 $lnfedu$ 的格兰杰原因	25	0.48	0.928	接受
$lnfedu$ 不是 $lngap$ 的格兰杰原因		7.97	0.001	拒绝

原假设	样本观测个数	F 值	P 值	结论
lngap 不是 lnfmed 的格兰杰原因	25	1.12	0.169	接受
lnfmed 不是 lngap 的格兰杰原因		6.18	0.030	拒绝
lngap 不是 lnsoc 的格兰杰原因	25	0.81	0.187	接受
lnsoc 不是 lngap 的格兰杰原因		4.90	0.000	拒绝

根据表 5-5 可以得出民生财政支出与城乡居民收入差距的关系如下：民生财政支出与城乡居民收入差距之间是单向的因果关系，即教育支出、医疗卫生支出、社会保障和就业支出均是城乡居民收入差距的格兰杰原因，其概率值分别为 0.001、0.030、0.000，而城乡居民收入差距并不是教育支出、医疗卫生支出、社会保障和就业支出的原因。因此从整体来看，我国民生财政支出结构变化是导致城乡居民收入差距的主要原因。

（五）稳定性检验

由于非稳定的 VAR 模型不可以做脉冲响应函数分析，所以在进行脉冲响应函数分析之前需要进行稳定性检验。从图 5-1 可以看出，该 VAR 模型的 8 个根的倒数值都落在单位圆内，说明这是一个平稳的 VAR 模型，可以继续进行脉冲响应函数分析。

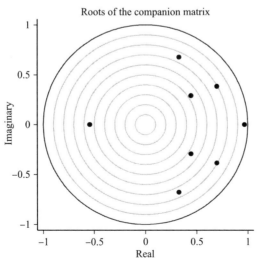

图 5-1　AR Roots 结果

（六）脉冲响应函数

通过对 lnfedu、lnfmed、lnfsoc 和 lngap 做脉冲响应，可以分析出每一个误差项发生变化时给系统带来的综合影响。

图5-2显示城乡居民收入差距受到一个单位正向标准差的教育支出冲击后，第1期略微上涨呈正向作用，第2~第4期开始逐渐衰减，呈负向的效果，第5期开始上升，呈增强的趋势，直至第8期后开始趋于稳定。总的来说影响作用并不是很大。

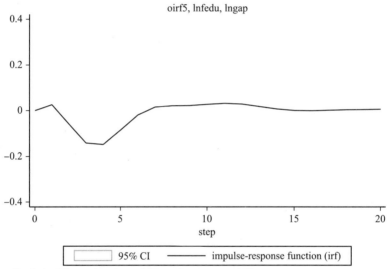

图 5 - 2　城乡居民收入差距受教育支出冲击后的广义脉冲响应函数曲线

图5-3显示城乡居民收入差距受到一个单位正向标准差的医疗卫生支出冲击后，在初始阶段没有显现出来，即第1期为0，之后的第2~第5期迅速下降，并在第5期这种负向作用影响达到最小值 - 0.1810，之后开始小幅递增，整个期间都具有较弱的负向作用。总体来说，医疗卫生支出变化对城乡居民收入差距的影响不大。

图5-4显示城乡居民收入差距受到社会保障和就业支出冲击后，呈现先上升后下降的趋势，其中前面3期冲击效应逐渐增大，之后开始递减。整个期间影响效应都为正。这说明城乡居民收入差距受到社会保障和就业支出后，会立即发生变化，但之后冲击影响力逐渐衰退。例如，社会保障和就业支出的突然增加，

短期内城镇人口获益大于农村人口，但后续随着时间的拉长，社会保障和就业支出会逐渐偏向农村地区，最终趋于稳定。

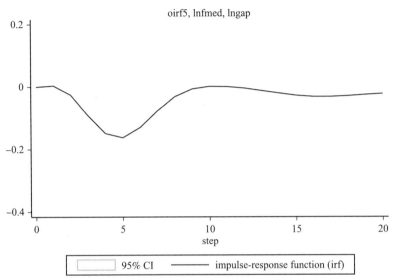

图 5 - 3　城乡居民收入差距受医疗卫生支出冲击后的广义脉冲响应函数曲线

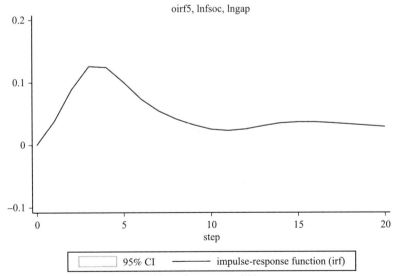

图 5 - 4　城乡居民收入差距受社会保障和就业支出冲击后的广义脉冲响应函数曲线

（七）方差分解

对 lngap、lnfedu、lnfmed、lnfsoc 进行方差分解测算，可以测度各个变量变化的贡献率，以及两者之间相互影响程度。测算结果如表 5 - 6 所示。

表 5 - 6　　　　　　　　　　城乡居民收入差距的方差分解

时期	lngap	lnfedu	lnfmed	lnfsoc
1	1. 00000	0. 00000	0. 00000	0. 00000
2	0. 892605	0. 017096	0. 003041	0. 087258
3	0. 69292	0. 042614	0. 029377	0. 23509
4	0. 473041	0. 161625	0. 07654	0. 288793
5	0. 363199	0. 240663	0. 117387	0. 278751
6	0. 320219	0. 264437	0. 147074	0. 26827
7	0. 30609	0. 263288	0. 163502	0. 267121
8	0. 301936	0. 257675	0. 169224	0. 271164
9	0. 300398	0. 254281	0. 169825	0. 275496
10	0. 299517	0. 253005	0. 169176	0. 278302
11	0. 298939	0. 252915	0. 168413	0. 279733
12	0. 298691	0. 253041	0. 167636	0. 280632
13	0. 29893	0. 252339	0. 1669	0. 281832
14	0. 29954	0. 250432	0. 166304	0. 283724
15	0. 300121	0. 247876	0. 165962	0. 286041
16	0. 300426	0. 245326	0. 165957	0. 288292
17	0. 300502	0. 242993	0. 166231	0. 290274
18	0. 30048	0. 240871	0. 166597	0. 292052
19	0. 300436	0. 238961	0. 166892	0. 293711
20	0. 300402	0. 237271	0. 167069	0. 295257

由表 5 - 6 可以看出，城乡居民收入差距受自身冲击后，预测方差的贡献度由第 2 期的 89.26% 逐步下降为第 12 期的 29.87%，这说明城乡居民收入差距的调整过程中，如果外界不加以干预，城乡居民收入差距自身难以达到缩小的态势。

在收入差距的波动中，$0 \sim 26.44\%$ 的波动可以由教育支出解释，其中前面 6 期的解释力度逐步提高，而后缓慢减小，可见教育支出对城乡居民收入差距的影响随着时间而减小。

在收入差距的波动中，$0 \sim 16.99\%$ 的波动可以由医疗卫生支出解释，整个时期波动较小，平均的解释力度在 12% 左右，表明医疗卫生支出的影响较为稳定。

社会保障和就业支出的解释力度是最大，$0 \sim 29.52\%$ 的城乡居民收入差距的波动可以由社会保障和就业支出解释，其解释力度一直处于增加的态势，反映出社会保障和就业支出对城乡居民收入差距的影响随着时间的推移越来越大。

总的来看，对城乡居民收入差距的影响效应从大到小，首先，是社会保障和就业支出，其次是教育支出，最后是医疗卫生支出。

第二节　地方民生财政支出结构影响城乡居民收入差距的实证分析

我国实行中国式财政分权以来，财政支出一直分为中央财政支出和地方财政支出。而我国幅员辽阔，不同地区之间财政支出规模和结构差异较大，财政支出政策也存在较大不同，不同地区政府民生财政支出结构会对城乡居民收入差距产生不同的影响。因此，从省级地方政府层面探讨民生财政支出结构对城乡居民收入差距的影响可能更有针对性和现实意义。

一、模型设定

本章从两个阶段来探讨民生财政支出结构对城乡居民收入差距的影响。考虑城乡居民收入差距是一个动态过程，因此第一阶段采用动态面板数据模型来探讨民生财政支出结构对包含了滞后项的城乡居民收入差距的影响。第二阶段从时空整合视角，考虑空间因素后来探讨民生财政支出结构对城乡居民收入差距的影响。两个阶段的模型设定如下：

$$\text{gap}_{it} = \alpha_0 + \alpha_1 \text{gap}_{i,t-1} + \alpha_2 \text{fedu}_{it} + \alpha_3 \text{fmed}_{it} + \alpha_4 \text{fsoc}_{it} + \sum \alpha_j X_{it} + \mu_i + \varepsilon_{it} \tag{5.3}$$

$$\text{gap}_{it} = \alpha_0 + \alpha_1 \text{gap}_{i,t} + \alpha_2 \text{fedu}_{it} + \alpha_3 \text{fmed}_{it} + \alpha_4 \text{fsoc}_{it} + \sum \alpha_j X_{it} + \delta_{it} \tag{5.4}$$

$$\text{gap}_{it} = \alpha_0 + \alpha_1 \text{fedu}_{it} + \alpha_2 \text{fmed}_{it} + \alpha_3 \text{fsoc}_{it} + \sum \alpha_j X_{it} + \lambda W \varepsilon_{it} + \zeta_{it} \tag{5.5}$$

其中，式（5.3）为动态面板模型，空间滞后模型对应的为式（5.4），空间误差模型对应的为式（5.5）。X_{it}表示其他控制变量，ζ_{it}为服从正态分布的随机干扰项。关于空间权重矩阵的选择，本节采用邻阶（W_1）空间权重矩阵。邻阶空间权重矩阵（W_1）是指当空间单位相邻时取值为1，不相邻时取值为0，自身与自身取值为0。

二、变量的选择和说明

被解释变量：仍然采用上一章中的基尼系数来表示城乡居民收入差距状况，同时为了保证实证结果的可靠性和稳健性，还采用了城乡居民收入比（Gap）作为被解释变量进行对比分析。

关于核心解释变量：根据上一章的做法，民生财政支出结构同样选择31个省份2002~2015年教育经费支出、医疗卫生支出以及社会保障和就业支出分别占地区财政总支出的比例来表示。

在控制变量的选择上，选择了以下几个控制变量：

城镇化率：本书选择地区非农人口与地区总人口的比值来表示。

人均GDP（rgdp）：采用地区人均国内生产总值来衡量该地区的经济发展水平。

政府干预程度：选择财政支出占GDP比例来表示政府干预程度。

转移支付：借鉴储德银和赵飞（2013）①的做法，采用各省获得的中央转移支付资金/（各省预算内财政收入＋中央转移支付资金）来表示，一般来说转移支付程度越高，地方政府的依赖性越强，减贫的动力就越弱。

对外开放程度：采用当年价换算后的外商投资企业进出口总额/GDP来表示，一般来说外商投资会增加地区的就业岗位，提高贫困人口的收入水平。

由于"民生财政"一词首次正式出现是在2002年的政府工作报告中，因此，采用2002~2015年我国31个省级面板数据，相关数据来源于eps数据库、中经网数据库、历年《中国财政统计年鉴》以及各省统计年鉴。为了剔除通货膨胀带来的影响，以2001年为基期，用各地区的居民消费者价格指数对相关的变量进行了平减。同时，为了保证数据的平稳性，对人均GDP变量进行了取对数处理。具体变量说明如表5-7所示。

---

① 储德银，赵飞. 财政分权、政府转移支付与农村贫困——基于预算内外和收支双重维度的门槛效应分析[J]. 财经研究，2013（9）：4-18.

表 5 - 7　　　　　　　　　　　　变量名称及解释说明

变量性质	变量名称	符号	变量含义
被解释变量	城乡居民收入差距	gini	省际总体居民收入的基尼系数
		gap	城镇居民人均可支配收入/农村居民人均纯收入
核心解释变量	教育经费支出	fedu	省级教育经费支出/地区预算内财政支出
	医疗卫生支出	fmed	省级公共医疗卫生支出支出/地区预算内财政支出
	社会保障和就业支出	fsoc	省级社会保障和就业支出/地区预算内财政支出
控制变量	转移支付	tran	各省获得的中央转移支付资金/（各省预算内财政收入 + 中央转移支付资金）
	地区经济发展水平	rgdp	取对数后的人均国内生产总值
	政府干预	gov	财政支出/GDP
	城市化率	urban	非农人口/地区总人口
	对外开放程度	open	出口额/GDP

在进行实证之前，先对各变量进行一个简单的描述性统计，结果如表 5 - 8 所示。

表 5 - 8　　　　　　　　　　变量的描述性统计

变量	观测值	均值	标准差	最小值	最大值
gini	434	0.1370	0.0712	0.3901	0.0218
gap	434	3.0207	0.6269	1.8304	5.6102
fedu	434	0.1681	0.0826	0.0813	0.2370
fsoc	434	0.1338	0.0604	0.0389	0.3307
fmed	434	0.0615	0.0167	0.0266	0.1556
tran	434	0.5201	0.2018	0.1016	0.8399
rgdp	434	1.0309	0.5080	− 0.4136	2.1069
gov	434	0.2500	0.1900	0.0874	1.3459
urban	434	0.5200	0.1400	0.2261	0.8980
open	434	0.1400	0.2200	0.0001	1.1754

三、实证结果与分析

(一) 动态面板模型实证结果分析

由于采用两步稳健估计比一步稳健估计更加有效 (Windmeijer, 2005)①，因此本书选择两步系统广义矩估计法 (SYS - GMM) 进行估计。模型的估计结果见表5 - 9。

表5 - 9   民生财政支出结构影响城乡居民收入差距的动态面板估计结果

解释变量	城乡居民人均收入差距 (gap)	基尼系数 (gini)
L. gap	0. 724 *** (4. 15)	—
L. gini	—	0. 871 *** (10. 72)
fedu	- 0. 801 *** (- 3. 31)	- 0. 906 *** (- 3. 63)
fmed	- 0. 117 * (- 1. 69)	- 0. 162 (- 1. 49)
fsoc	- 0. 089 ** (- 2. 08)	- 0. 103 ** (- 1. 99)
tran	0. 408 (0. 70)	0. 892 (1. 43)
rgdp	0. 145 *** (3. 28)	0. 143 *** (4. 18)
gov	0. 270 *** (4. 26)	0. 388 *** (4. 16)
urban	- 0. 026 *** (2. 43)	- 0. 027 *** (3. 86)
open	- 1. 253 *** (- 3. 86)	- 1. 505 *** (- 4. 11)
Sargan	[0. 6038]	[0. 8031]

① WINDMEIJER F. A finite sample correction for the variance of linear efficient two-step GMM estimators [J]. Journal of Econometrics, 2005, 126 (1): 25 - 51.

解释变量	城乡居民人均收入差距（gap）	基尼系数（gini）
AR（1）	［0.0219］	［0.0298］
AR（2）	［0.3491］	［0.5436］

注：括号内的数值表示 t 值，***、** 和 * 分别表示1%、5% 和10% 的显著性水平；Sargan、AR（1）及 AR（2）检验中括号里给出的是估计量的 P 值。

从表5-9中估计结果发现：不管是基于城乡居民人均收入比还是基于基尼系数，L. gap 和 L. gini 的估计系数都显著为正，这说明我国城乡居民收入差距确实存在连续的动态效应，即上一期的城乡居民收入差距会影响本期的城乡居民收入状况，这种"自我增强"动态调整效应，大大提高了收入分配调整的难度；其次 Sargan 检验的结果表明不存在工具变量的过度识别，即接受"所有工具变量都有效"的原假设，Arellano-abond 序列自相关检验证明不存在残差二阶自相关的问题，以上检验结果都说明本书选择动态面板模型是正确的。

从民生支出结构来看：教育支出、医疗卫生支出以及社会保障和就业支出对城乡居民收入差距的影响并不一致。

教育支出的估计系数为负，且通过了1% 的显著性水平检验，说明我国实行的免费义务教育和其他各项专项计划，如国务院扶贫开发领导小组在贫困地区实施的"雨露计划"等，都使教育资源在一定程度上惠及贫困地区人口，优化了农村地区的教学质量，提高了农村地区劳动力的人力资本水平和农村人口的创收能力，从而缩小了城乡居民收入差距。

医疗卫生支出的估计系数为 -0.162，但并没有通过显著性检验，可见我国当前的医疗卫生制度并没有显著缩小城乡居民收入差距。一方面，虽然我国现阶段建立了新型的农村合作医疗制度，加大了对基层医疗机构的投入，老百姓反映的看病难看病贵问题有所缓解，但城乡之间医疗条件仍然存在较大的差别，特别是基层医疗机构环境差、卫生技术人员缺乏、医疗机构能力不足等都抑制了新医改效果的发挥。另一方面，新医改并没有有效矫正过度医疗行为，虽然低收入群体获得了更多的医疗服务机会，但也承担了过重的医疗服务私人成本[1]，这也在一定程度上导致我国城乡居民之间的收入分配差距并没有发生显著变化。

社会保障和就业支出的估计系数为 -0.103，且通过了5% 的显著性水平检验，说明我国社会保障支出的增加有助于缩小城乡居民之间的收入差距，这和我

[1] 李永友，郑春荣. 我国公共医疗服务受益归宿及其收入分配效应——基于入户调查数据的微观分析 [J]. 经济研究，2016（7）：132-146.

们前面理论分析的相符。可见我国社会保障制度的设立，能通过风险分担机制和互助共济机制有效降低农村劳动力因为年老、体弱、失业、生病所带来的致贫风险，提高了低收入群体抵抗风险的能力，有助于缩小城乡居民收入差距。

考虑到我国地区发展存在不均衡及异质性特征，不同区域之间的民生财政支出和收入分配格局都可能存在较大差异，因此有必要将我国划分为三大区域来检验民生财政支出对城乡居民收入差距的影响。实证估计结果如表 5 - 10 所示。

表 5 - 10   不同区域民生财政支出结构对城乡居民收入差距影响的估计结果

解释变量	东部		中部		西部	
	城乡居民人均收入差距（gap）	基尼系数（gini）	城乡居民人均收入差距（gap）	基尼系数（gini）	城乡居民人均收入差距（gap）	基尼系数（gini）
L. gap	0. 707 *** (3. 13)	—	0. 761 *** (2. 76)	—	0. 870 *** (2. 38)	—
L. gini	—	0. 912 *** (2. 51)	—	0. 891 *** (3. 67)	—	0. 809 *** (2. 92)
fedu	- 0. 101 *** (- 2. 71)	- 0. 157 *** (- 3. 31)	- 0. 096 *** (- 3. 63)	- 0. 069 *** (- 3. 03)	- 0. 065 *** (- 2. 96)	- 0. 033 *** (- 5. 03)
fmed	0. 901 ** (1. 98)	0. 103 * (1. 78)	0. 069 (1. 36)	0. 092 (1. 56)	- 0. 301 (0. 63)	- 0. 806 (0. 98)
fsoc	- 0. 026 (- 1. 01)	- 0. 038 * (1. 66)	0. 010 (1. 29)	0. 039 (0. 79)	0. 203 * (1. 68)	0. 239 ** (2. 09)
tran	- 0. 091 (- 1. 52)	- 0. 108 (- 0. 70)	0. 653 * (1. 68)	0. 712 (1. 33)	0. 138 (1. 63)	0. 121 * (1. 76)
rgdp	- 0. 251 * (1. 73)	- 0. 206 ** (1. 98)	0. 091 ** (2. 16)	0. 083 * (1. 83)	0. 306 *** (3. 96)	0. 393 *** (3. 01)
gov	- 0. 601 (0. 73)	- 0. 815 (0. 98)	0. 016 ** (1. 86)	0. 033 * (1. 71)	0. 206 * (1. 86)	0. 321 ** (2. 08)
urban	- 0. 102 * (1. 61)	- 0. 201 ** (2. 13)	- 0. 073 (1. 35)	- 0. 091 * (1. 66)	- 0. 152 ** (2. 08)	- 0. 169 * (1. 76)
open	0. 028 (1. 13)	0. 255 (1. 38)	- 0. 937 ** (- 2. 16)	- 0. 865 ** (- 2. 11)	- 0. 103 * (- 1. 65)	- 0. 195 ** (- 1. 91)
Sargan	[0. 5362]	[0. 6120]	[0. 3381]	[0. 3023]	[0. 6718]	[0. 7029]
AR (1)	[0. 0012]	[0. 0026]	[0. 0038]	[0. 0069]	[0. 1793]	[0. 2018]
AR (2)	[0. 1163]	[0. 1509]	[0. 3095]	[0. 3231]	[0. 9730]	[0. 9693]

注：括号内的数值表示 t 值，*** 、** 和 * 分别表示 1%、5% 和 10% 的显著性水平；Sargan、AR（1）及 AR（2）检验中括号里给出的是估计量的 P 值。以上系统 GMM 采用的是一步估计方法测算出来的结果。

从表 5 – 10 可以看出，不管是东部地区、中部地区还是西部地区，城乡居民收入差距的滞后一期项的系数均显著为正，这进一步说明我国城乡居民收入差距的确存在动态效应。且表 5 – 10 中三个地区的回归结果均通过了 AR（2）和 Sargan 检验，说明工具变量是有效的。

从民生财政支出结构来看，我国三大地区教育支出占比的提升均可以在一定程度上缩小城乡居民收入差距，但东部地区效果最明显，其次分别是中部地区、西部地区。出现这种现象可能是由于各地区财政性教育支出面临着权衡教育数量扩张和教育质量提升的双重选择，只有将财政性教育经费支出在两者之间实现优化配置，才能最大限度地发挥教育投入对缩小城乡居民收入差距的作用。我国东部地区已经跨越了追求教育数量的门槛，已经开始重视提高教育质量，而对于广大中西部地区而言，更多地是为了提高适龄就学人口数量而谋求教育数量扩张，对教育质量提升的重视程度还不够。

东部地区医疗卫生支出占比的系数显著为正，中部地区的系数为正但并不显著，西部地区的系数为负也并不显著。这说明我国医疗卫生支出并没有像预期一样起到缩小城乡居民收入差距的作用，东部地区和中部地区甚至起到了扩大收入差距的反作用，只有西部地区起到了缩小收入差距的作用，但遗憾的是效果也并不显著。这可能是由于我国医疗财政支出更多地投向了城镇，导致医疗资源分布不均衡，从而无法实现缩小收入差距的目的。而广大的西部地区由于长期以来医疗供给能力不足，因此每增加一单位农村医疗卫生支出所带来的边际效用相对较高，可以起到缩小城乡居民收入差距的作用。

从东中西三大地区社会保障支出效果的对比来看，东部地区系数为负，显著性水平为 10%，中部地区系数为正但并不显著，西部地区系数显著为正。这说明社会保障和就业支出在东部、中部、西部地区所起的作用存在明显差异，其中东部地区能够缩小收入差距，中部地区作用并不明显，西部地区反而扩大了收入差距。这可能是由于我国东部地区经济发展程度较高，且贫困人口较少，因此社会保障能有效覆盖到农村人口，特别是困难群体，因此能够缩小收入差距。而西部地区一方面农村贫困人口多，财力有限，无法完全且准确地覆盖；另一方面农村劳动力受教育程度低，自身获取收入的能力有限，对社会保障的依赖程度较高，导致自身脱贫动力不足，因此导致了城乡居民收入差距的扩大。

（二）空间计量模型实证结果分析

在进行空间面板模型系数估计之前，需要采用 Moran's Ⅰ 指数方法测度城乡居民收入差距变量的空间相关性。根据测度出来的 Z 值，P 值均小于 0.05，说明我国各省域城乡居民收入差距具有较强的空间相关性。接着对两个拉格朗日乘子 LMERR、LMLAG 及其稳健性（Robust）的 R – LMERR、R – LMLAG 等统计量进行空间依赖性检验。根据检验的结果，最终选择空间滞后模型分析民生财政支出对城乡居民收入差距的影响。估计结果见表 5 – 11。

表 5 – 11　　　　民生财政支出影响城乡居民收入差距的空间面板估计结果

解释变量	城乡居民人均收入差距（gap）	基尼系数（gini）
	（1）	（2）
W × gap	0.379 *** （8.19）	—
W × gini	—	0.521 *** （10.03）
fedu	– 0.181 * （– 1.73）	– 0.189 *** （– 3.36）
fmed	– 0.061 （1.39）	– 0.056 * （2.06）
fsoc	– 0.078 ** （– 2.03）	– 0.093 ** （– 1.99）
tran	0.619 （0.99）	0.299 （1.32）
rgdp	– 0.105 （1.53）	– 0.133 * （1.78）
gov	0.519 （1.36）	0.905 （1.19）
urban	– 0.011 * （1.80）	– 0.008 ** （2.68）
open	– 0.105 * （– 1.76）	– 0.910 * （– 2.01）
R^2	［0.922］	［0.978］
LogL	［177.638］	［901.715］

注：括号内的数值表示 t 值，*** 、** 和 * 分别表示 1% 、5% 和 10% 的显著性水平；LogL 为对数似然检验。

从表 5 – 11 可以看出，无论是模型（1）的 W × gap 还是模型（2）的 W × gini 的估计系数都为正，且通过了 1% 的显著性检验，这反映了我国城乡居民收入差距存在空间上的依赖性（溢出效应），邻近省份的城乡居民收入差距扩大（缩小）会导致本地区收入差距也会扩大（缩小）。从民生支出分类来看，教育支出、社会保障和就业支出的系数都显著为负，跟前面的动态面板模型估计结果一致，此外在考虑了空间因素后，医疗卫生支出对基尼系数的影响也在10%的显著性水平上为负，这跟我们前面理论分析的一致，即我国医疗卫生支出的增加能够有效缩小城乡居民收入差距。

从城乡人均收入比和基尼系数的回归结果对比来看，基尼系数无论是拟合优度还是对数似然函数都要大于基于城乡人均收入比的结果，这再一次证明了采用基尼系数来度量城乡居民收入差距效果要更好。

由于在地区发展过程中某因素的变化，在空间上不但会对该地区产生直接的本地效应，而且邻近地区的因素变化也还会通过空间互动过程产生区域之间的间接溢出效应。根据上文的估计结果，本书列出了邻阶空间权重矩阵下各个解释变量的直接效应与间接效应（溢出效应），来分析其对城乡居民收入差距产生的空间溢出效应，具体见表5－12。

表5－12　　　　　　　　　　邻阶矩阵下空间溢出效应的分解

变量	直接效应	间接效应	总效应
fedu	− 0.058 **	− 0.017 **	− 0.075 **
fmed	0.150 *	0.077	0.227 *
fsoc	− 0.120 **	− 0.054 **	− 0.174 **
tran	− 0.005	− 0.001	− 0.006
rgdp	− 0.071 *	− 0.052 **	− 0.123 **
gov	0.136 *	0.063 *	0.199 *
urban	− 0.019 **	− 0.008 **	− 0.027 **
open	− 0.031 **	− 0.018 **	− 0.049 **

由表5－12可以看出教育支出、社会保障和就业支出的直接效应和间接效应均为负值，且直接效应的绝对值都大于间接效应的绝对值，这和常理相符，即本地区民生财政支出所带来的福利都由本地区居民享受。而医疗卫生支出所带来的直接效应在10%的显著性水平上为正，间接效应并不显著为正，这说明我国医疗支出的城镇化偏向较为严重，拉大了城乡居民收入差距，而本地区医疗卫生支出的增加并没有给周边地区城乡居民收入差距带来显著的影响。

本 章 小 结

本章首先采用时间序列 VAR 方法实证检验了 1991～2015 年全国民生财政支出结构与城乡居民收入差距之间的关系；接着采用 2002～2015 年我国 31 个省级面板数据，运用动态面板模型和空间面板模型实证分析了我国民生财政支出结构对我国城乡居民收入差距的影响。得出了以下结论：

第一，从全国层面来看，我国民生支出结构与城乡居民收入差距之间存在长期均衡稳定的关系。其中教育支出和医疗卫生支出比例的上升，有助于缩小我国城乡居民收入差距；社会保障和就业支出比例的上升，并没有起到缩小城乡居民收入差距的作用，相反扩大了城乡居民收入差距。

第二，误差修正模型估计结果显示，协整方程误差修正项的调整方向符合误差修正机制，可以保持并自动调节三大民生支出与城乡居民收入差距之间的长期均衡关系。

第三，从省级动态面板数据模型实证分析发现，教育支出、社会保障和就业支出对缩小城乡居民收入差距起到显著的促进作用，而医疗卫生支出的促进作用并不显著。

第四，分地区来看，不管是东部地区、中部地区还是西部地区，教育支出都能起到缩小城乡居民收入差距的作用，但不同地区作用大小不同。其中，教育支出的作用从大到小依次是东部、中部和西部。医疗卫生支出差异较大，东部地区显著为正，中部地区的系数为正但并不显著，西部地区的系数为负但并不显著。社会保障支出在东部地区起到缩小收入差距的作用，在中部地区作用并不明显，在西部地区反而起到扩大收入差距的作用。

第五，在空间面板实证分析过程中，我们进一步发现了省域之间的城乡居民收入差距存在空间集聚特征，且正向溢出效应明显。民生财政支出活动还会对周边邻近地区产生间接的溢出作用。其中，教育支出、社会保障和就业支出产生负的溢出作用，医疗卫生支出的溢出作用并不明显。

第六章

民生财政支出分权影响城乡居民
收入差距的实证分析

从民生财政支出规模、结构对城乡居民收入差距的实证分析中，我们发现不同地区的民生财政支出规模、结构对城乡居民收入差距的影响均存在显著的差异。在我国现行的财政分权体制下，各地区的民生支出由中央和地方共同承担。然而各地区财政收入存在明显的差异，各地方政府承担的民生支出责任大小也不尽相同，我们不禁要问这种支出责任上的差异会对城乡居民收入差距产生怎样的影响？因此，本章在借鉴陈工和何鹏飞（2016）采用"民生财政支出分权度"这一指标来衡量地方政府支出责任大小的基础上，进一步探讨以下几个问题：民生财政支出分权对城乡居民收入差距的作用效果如何？民生财政支出分权对城乡居民收入差距的影响是否存在非线性"门槛"效应？不同类型民生财政支出分权项目对城乡居民收入差距的作用效果是否存在差异？

第一节　民生财政支出分权对城乡居民
收入差距的影响路径分析

分权化是中央政府与地方政府在财政关系上的重新分配。由于地方政府是政策的最终执行者和实施者，因此考察民生财政支出分权对城乡居民收入差距的影响路径，关键在于厘清地方政府在分权后所具有的优势以及所面临的激励机制。具体而言，民生财政支出分权主要通过效率传导和农村倾向两个路径对城乡居民收入差距产生影响。

传统的财政分权理论认为，财政分权的直接结果是地方政府间的竞争增加。与中央政府相比，由于地方政府在地理位置和辖区信息上更具有优势，即更加了解辖区内居民的偏好及效用函数，因此迫于当地选民的压力，地方政府提供的民生物品和服务相对于中央政府而言效率会更高①②。由于民生财政支出会影响地区人力资本规模和质量，有助于提高居民（尤其是低收入群体）的收入水平，因此，民生财政支出分权程度越高，地方政府民生财政支配管理的自由度越大，越有助于缩小城乡居民收入差距③。

民生财政实施之后，财政支出目标从过去追求"经济产出最大化"转变为"社会福利最大化"。因此在该目标下，民生财政支出在城乡之间理性分配原则是根据该支出的城市边际社会福利效益等于农村边际社会福利效益。与城市相比较，广大农村地区每单位民生财政支出所带来的边际社会福利效应明显更高，因此实施民生财政政策后，财政支出的结构和投向也会发生改变，具体表现为：民生性财政支出所占的比例（相对于生产性财政支出占比）会有明显提高；民生财政投向具有明显的"农村倾向"特征④⑤。这些都能使农村和城市居民享受到的民生服务以及人力资本差异逐渐减小，从而起到缩小城乡居民收入差距的作用⑥。

第二节　民生财政支出分权的动态面板估计结果分析

一、模型设定

根据研究的目的，本节构建如下动态面板回归模型：

$$\text{Gini}_{it} = \alpha_0 + \alpha_1 \text{Gini}_{i,t-1} + \alpha_2 \text{fdple}_{it} + \sum \alpha_j X_{it} + \mu_i + \varepsilon_{it} \tag{6.1}$$

$$\text{Gini}_{it} = \alpha_0 + \alpha_1 \text{Gini}_{i,t-1} + \alpha_2 \text{fdedu}_{it} + \alpha_3 \text{fdmed}_{it} + \alpha_4 \text{fdsoc}_{it} + \sum \alpha_j X_{it} + \mu_i + \varepsilon_{it} \tag{6.2}$$

式（6.1）和式（6.2）的区别在于分别采用了民生财政支出分权、民生财

① MUSGRAVE R A. The theory of Public Finance [M]. Mc Graw – Hill, 1959.
② OATES W E. Toward A Second – Generation Theory of Fiscal Federalism [J]. International Tax & Public Finance, 2005, 12 (4): 349 – 373.
③ 谭之博，周黎安，赵岳. 省管县改革、财政分权与民生——基于"倍差法"的估计 [J]. 经济学季刊, 2015 (2): 1093 – 1114.
④ 洪源，王群群，秦玉奇. 城乡二元经济结构下民生财政对城乡居民收入差距的影响 [J]. 经济与管理研究, 2016, 37 (1): 22 – 30.
⑤ 洪源，杨司键，秦玉奇. 民生财政能否有效缩小城乡居民收入差距？ [J]. 数量经济技术经济研究, 2014, 31 (7): 3 – 20.
⑥ 陈安平，杜金沛. 中国的财政支出与城乡收入差距 [J]. 统计研究, 2010, 27 (11): 34 – 39.

政支出中各事项支出分权为核心解释变量展开分析。模型中，i 为个体，t 为时期，μ_i 为个体效应，ε_{it} 为随机扰动项。被解释变量 gini 为城乡居民收入差距衡量指标。核心解释变量：fdple 表示民生支出分权程度，fdedu、fdmed 和 fdsoc 分别表示教育支出分权、医疗卫生支出分权和社会保障支出分权。控制变量：tran 表示转移支付水平，rgdp 表示地区经济发展水平，soe 表示国有企业占比，urban 表示城镇化率。

为了验证民生财政支出分权对城乡居民收入差距的非线性效应，本节构建了门槛回归模型。

汉森（Hansen，2000）提出的面板数据门槛模型，克服了"交叉乘积项法"和"分组检验法"的主观性和缺乏可靠参数估计的缺点。

根据研究主题本节设定计量模型如下（以民生支出分权 fdple 为门槛变量的双重门槛模型为例）：

$$Gini_{it} = \beta_0 + \beta_1 tran_{it} + \beta_2 rgdp_{it} + \beta_3 soe_{it} + \beta_4 urban_{it} + \beta_5 open_{it}$$
$$+ \beta_6 fdle_{it} \times I(fd_{it} \leq \lambda_1) + \beta_7 fdle_{it} \times I(\lambda_1 < fd_{it} \leq \lambda_2)$$
$$+ \beta_8 fdle_{it} \times I(fd_{it} > \lambda_2) + \mu_i + \varepsilon_{it} \tag{6.3}$$

其中，下标 i 是地区，t 是时间，$I(\cdot)$ 为门槛示性函数，fd 表示门槛变量，λ 为具体的门槛值。当 $fd < \lambda$ 时，$I(\cdot) = 0$；当 $fd > \lambda$ 时，$I(\cdot) = 1$。根据相关理论，本节以民生财政支出分权 fd 为门槛变量，考察上述约束情况下民生财政支出分权（fdple）对城乡居民收入差距的非线性影响效应。

二、变量选择和数据说明

本书重点关注民生财政支出分权对不同地区城乡居民收入差距的影响效果，但各地区城乡居民收入差距还受到其他经济变量的影响，因此，还引入了其他相关控制变量。具体变量说明如表 6 - 1 所示。

表 6 - 1　　　　　　　　　　　　变量名称及解释说明

变量性质	变量名称	符号	变量含义
被解释变量	城乡居民收入差距	Gini	省际总体居民收入的基尼系数
核心解释变量	民生财政支出分权	fdple	省级民生财政支出/（中央的民生财政支出 + 省级民生财政支出）
	教育经费支出分权	fdedu	省级教育经费支出/（中央的教育经费支出 + 省级教育经费支出）

续表

变量性质	变量名称	符号	变量含义
核心解释变量	医疗卫生支出分权	fdmed	省级公共医疗卫生支出支出/(中央的医疗卫生支出 + 省级医疗卫生支出)
	社会保障和就业支出分权	fdsoc	省级社会保障和就业支出/(中央的社会保障和就业支出 + 省级社会保障和就业支出)
控制变量	转移支付	tran	各省获得的中央转移支付资金/(各省预算内财政收入 + 中央转移支付资金)
	地区经济发展水平	rgdp	人均国内生产总值
	国有企业占比	soe	国有单位就业职工人数/职工总人数
	城镇化率	urban	非农人口/地区总人口
	对外开放程度	open	出口额/GDP

关于城乡居民收入差距的度量，仍然采用前面的基尼系数来表征。

关于核心解释变量。参考陈工和何鹏飞（2016）[①] 的做法，民生财政支出选择教育经费支出、医疗卫生支出以及社会保障和就业支出三种支出事项来构成。民生支出分权以"省级民生财政支出/(中央的民生财政支出 + 省级民生财政支出)"来衡量地方民生支出的自主权。

关于其他控制变量，采用转移支付、经济发展程度、城镇化率以及对外开放程度之外，还新增加了国有企业占比这一控制变量。一方面国有企业中垄断行业收入过高拉大了收入差距；另一方面国有企业体制僵硬、失业率低，劳动者的边际报酬低于私营企业，又有助于缩小城乡居民收入差距。变量的描述性统计如表6-2所示：

表6-2　　　　　　　　　　　变量的描述性统计

变量	观测值	均值	标准差	最小值	最大值
gini	434	0.1370	0.0712	0.3901	0.0218
fdple	434	0.4200	0.1900	0.0387	0.7760
fdedu	434	0.3700	0.1800	0.0324	0.7457
fdmed	434	0.6800	0.2000	0.1186	0.9399

---

① 陈工，何鹏飞. 民生财政支出分权与中国城乡收入差距 [J]. 财贸研究，2016（2）：95-103.

续表

变量	观测值	均值	标准差	最小值	最大值
fdsoc	434	0.4300	0.1900	0.0255	0.8160
tran	434	0.5201	0.2018	0.1016	0.8399
rgdp	434	1.0309	0.5080	−0.4136	2.1069
soe	434	0.0982	0.0421	0.0527	0.2249
urban	434	0.5200	0.1400	0.2261	0.8980
open	434	0.1400	0.2200	0.0001	1.1754

三、实证结果与分析

为了深入探讨民生财政支出分权对城乡居民收入差距的影响，本节采用系统 GMM 方法分析了民生财政支出分权以及三种民生财政支出事项分权对城乡居民收入差距的动态影响效应。采用 Stata 14.0 软件进行计量检验，检验结果包含了民生财政支出分权以及三种民生财政支出事项分权的回归结果，具体如表 6 – 3 所示。

表 6 – 3　　　　　　　　　　民生财政支出分权的估计结果

解释变量	模型 1	模型 2	模型 3	模型 4	模型 5
L. Gini	0.183 ** (2.26)	0.320 *** (3.17)	0.221 *** (3.13)	0.182 ** (2.20)	0.186 ** (2.50)
fdple	−0.017 ** (−2.47)	—	—	—	—
fdedu	—	0.024 (1.48)	0.022 * (1.79)	—	—
fdmed	—	−0.027 * (−1.68)	—	−0.008 ** (−2.14)	—
fdsoc	—	−0.031 ** (−2.25)	—	—	−0.023 *** (−4.95)
tran	−0.091 *** (−2.71)	−0.059 (−1.45)	−0.143 *** (−4.14)	−0.074 ** (−2.27)	−0.129 *** (−3.28)
rgdp	−0.018 (−1.52)	−0.008 (−0.61)	−0.004 (−1.39)	−0.022 (−1.13)	−0.016 (−1.58)

续表

解释变量	模型 1	模型 2	模型 3	模型 4	模型 5
soe	− 0.145 *** (3.99)	− 0.150 *** (2.85)	− 0.146 *** (3.00)	− 0.145 *** (3.50)	− 0.144 *** (3.54)
urban	− 0.121 ** (− 2.04)	− 0.103 ** (− 2.13)	− 0.026 *** (− 2.48)	− 0.136 ** (− 2.31)	− 0.127 ** (− 2.34)
open	− 0.056 * (− 1.74)	− 0.018 (− 0.64)	− 0.044 (− 1.53)	− 0.044 (− 1.42)	− 0.049 (− 1.64)
_cons	0.274 *** (5.89)	0.186 *** (3.05)	0.339 *** (6.71)	0.262 *** (5.67)	0.286 *** (6.01)
Sargan	[0.9995]	[1.0000]	[1.0000]	[0.9996]	[1.0000]
AR (1)	[0.0002]	[0.0001]	[0.0000]	[0.0003]	[0.0002]
AR (2)	[0.8536]	[0.9939]	[0.9671]	[0.7699]	[0.8784]

注：括号内的数值表示 t 值，*** 、** 和 * 分别表示 1%、5% 和 10% 的显著性水平；Sargan、AR（1）及 AR（2）检验中括号里给出的是估计量的 P 值。以上是系统 GMM 采用一步估计方法测算出来的结果。

从表 6 - 3 民生财政支出分权的估计结果发现：模型 1~5 中 L. Gini 的估计系数都显著为正，这说明我国各省份的城乡居民收入差距状况确实存在连续的动态效应，即上一期的收入差距状态会对下一期的收入差距产生影响；其次，Sargan 检验结果表明不存在工具变量的过度识别，即接受"所有工具变量都有效"的原假设，Arellano-abond 序列自相关检验证明不存在残差二阶自相关的问题，以上检验结果都说明本节选择动态面板模型是正确的。

（一）核心变量的结果分析

从核心解释变量来看，民生财政支出分权及内部三种支出事项分权对城乡居民收入差距的影响并不一致。模型 1 中民生财政支出分权的系数为 − 0.017，且通过了 5% 的显著性检验，说明民生支出分权程度越高，即地方政府对民生财政资金支配权越大，越有助于缩小城乡居民收入差距。因此，进一步提高地方政府的民生财政支出分权，是下一步改革的重点。

（二）内部支出事项的结果分析

从内部支出事项来看，教育支出分权在模型 2 和模型 3 中的系数都为正，说明教育支出分权的提高，并没有按照理论上的通过提高劳动者的人力资本水平来缩小城乡之间的收入差距程度的路径来走，这可能由于以下两方面：一方面，财政性教育支出面临着权衡教育数量扩张和教育质量提升的双重选择，而与城镇相比，我国大部分农村或贫困地区仍然处于教育扩张阶段；另一方面，政府在做教育支出决策时，容易受到社会上层人士以及城镇居民的影响，由此产生的教育资源"城市偏向"，也加剧了农村教育投入的不足，导致城乡居民收入差距越拉越大①。

医疗支出分权、社会保障和就业支出分权的系数都显著为负，调节收入差距效果较为明显。首先，相对于中央政府，地方政府更了解辖区居民的偏好，掌握的信息更充分，因此提供的医疗卫生、社会保障和就业支出等公共服务效率更高，所以分权程度越高，效果越好。其次，医疗支出、社会保障和就业支出更多是针对贫困弱势群体，能显著提高贫困人口的收入水平，从而缩小了城乡居民收入差距。

（三）控制变量的结果分析

转移支付的系数显著为负，说明我国的转移支付制度，能有效提高地方政府开展减贫活动的积极性，促进民生服务的均等化，有助于缩小城乡居民收入差距。

地区经济发展水平对城乡居民收入差距的作用并不显著，说明伴随着经济增长，我国的收入分配并没有发生明显的改善。

国有企业占比的系数显著为正，这可能由于我国国有企业存在规模大、双重垄断性等特征，因此不需要太多的创新和扩大销售量就能在市场上获得较高的垄断利润，从而产生了国有企业职工（尤其是垄断国有企业）工资水平要高于私营企业职工，扩大了城乡居民收入差距。

城镇化率的系数显著为负，这说明我国新型城镇化的建设，能创造更多的劳动岗位吸纳农村地区劳动力就业，提高了农村劳动者的收入水平，缩小了城乡居民收入差距。

对外开放程度的系数显著为负，这说明我国外商直接投资的增加，能有效提高我国劳动者的生产率，改善了我国居民（包括贫困人口）的收入水平，缩小城乡居民收入差距。

第三节　民生财政支出分权的门槛效应分析

系统 GMM 估计结果表明，从总体上看我国民生财政支出分权有利于缩小城

---

① 陈工，何鹏飞. 民生财政支出分权与中国城乡收入差距 [J]. 财贸研究，2016（2）：95–103.

乡居民收入差距；从三种民生支出类型来看除了教育支出分权不显著，医疗卫生支出分权和社会保障支出分权都能起到缩小收入差距的作用，虽然效果很小。以上研究结论是在假定民生财政支出分权与城乡居民收入差距之间是简单线性关系的前题下得出的，具有一定的片面性。随着汉森（Hansen）发展了门槛回归模型，越来越多的文献开始探讨财政分权与城乡居民收入差距之间的非线性关系。从经济学常理来看，民生财政支出分权并不是简单的越高越好也不是简单的越低越好，而是应该存在一个最优区间，即民生财政支出分权对城乡居民收入差距的影响应该存在门槛效应。因此接下来将采用门槛回归方法来分析民生财政支出分权以及三种民生财政支出事项分权对城乡居民收入差距的非线性效应，找到最优的民生财政支出分权区间，并根据门槛值对我国31个省份进行分类。

一、门槛检验

在使用面板门槛模型之前，首先需要进行门槛效应检验，以便确定是否存在门槛及存在门槛的个数，最终选择相应的模型形式。使用 Stata 12 软件的 Xtptm 程序，利用汉森（2000）提出的"bootstrap"（自举法），通过 300 次的 bootstrap 重复模拟似然比检验统计得到对应的 P 值和 F 值，分别对单门槛、双门槛和三门槛进行了检验，最终结果如表 6-4 所示。

表 6-4   各变量门槛检验

门槛变量	门槛数	F 值	P 值	临界值			门限值
				1%	5%	10%	
fdple	单门槛	5.780**	0.020	7.391	4.082	2.929	0.281
	双门槛	8.902***	0.003	7.550	3.894	2.367	0.568
	三门槛	5.054	0.105	9.270	4.913	3.592	—
fdedu	单门槛	3.409**	0.032	10.012	5.373	3.438	0.568
	双门槛	3.924**	0.043	6.732	3.841	2.815	0.627
	三门槛	4.027	0.107	7.063	4.423	3.229	—
fdmed	单门槛	3.399	0.103	7.429	4.944	3.498	—
fdsoc	单门槛	3.526**	0.021	7.407	4.676	3.863	0.112
	双门槛	6.887**	0.043	10.985	6.805	4.898	0.348
	三门槛	1.985	0.29	8.383	5.614	4.701	—

注：BS 次数为 300 次，*、** 和 *** 分别表示通过了 1%、5% 和 10% 的显著性检验。

由表 6 - 4 检验结果可知，民生支出分权（fdple）门槛变量分别在 5% 和 1% 的显著性水平下通过了单门槛和双门槛检验；教育支出分权门槛变量在 5% 的显著性水平下通过了单门槛和双门槛检验。医疗支出分权没通过门槛检验。社会保障和就业支出门槛变量在 5% 的显著性水平下通过了单门槛和双门槛检验。进一步采用"格栅搜索法"确定门槛值，发现民生支出分权（le）对应的门槛值是 fdple = 0.281 和 fdple = 0.568；教育支出分权对应的门槛值是 fdedu = 0.568 和 fdedu = 0.627；社会保障和就业支出对应的门槛值是 fdsoc = 0.112 和 fdsoc = 0.348。

二、面板门槛回归估计结果分析

确定门槛值以后，对式（6.4）进行门槛参数估计。表 6 - 5 呈现了民生财政支出分权对城乡居民收入差距的门槛模型参数估计结果。

表 6 - 5　　　　　　　　门槛模型参数估计结果

变量	民生支出分权（门槛变量）	教育支出分权（门槛变量）	社会保障和就业支出分权（门槛变量）
区间 1	- 0.001 (- 1.05)	0.006 (1.34)	- 0.426 (- 1.28)
区间 2	- 0.048 *** (- 2.70)	- 0.035 ** (- 1.84)	- 0.107 *** (- 2.81)
区间 3	0.024 (1.17)	- 0.001 (- 1.04)	- 0.047 *** (- 2.50)

注：括号内的数值表示 t 值，***、** 和 * 分别表示 1%、5% 和 10% 的显著性水平。

由表 6 - 5 可知，民生支出分权及其内部支出事项分权对城乡居民收入差距的影响作用存在显著的差异，且不同区间的影响系数也不尽相同。其中，①当民生支出分权小于 0.281 时，随着民生支出分权程度的提高，其对缩小收入差距的作用效果并不显著；当民生支出分权大于 0.568 时，其系数为 0.024，即民生支出分权的增加反而扩大了收入差距，令人欣慰的是对应的统计检验并不显著；只有当民生支出分权介于 0.281 和 0.568 之间时，系数为 - 0.048 且显著，即地方政府对民生财政资金的支配权越大，越有利于缩小城乡居民收入差距。这可能是由于当民生支出分权过低时，会影响地方政府减贫的积极性，而当民生支出分权过高时，又容易出现地方政府配置资源的无效率，都不利于发挥民生财政资金在缩小城乡居民收入差距中所起的作用。②同理，当教育支出分权小于 0.568 时，其系数为 0.006，不利于缩小收入差距；当教育支出分权大于 0.627 时，其系数为负但并不显著，即作用效果并不明显；只有当教育支出分权介于 0.568 和 0.627 之间时，缩小收入差距效果最明显。③当社会保障和就业支出分权小于 0.112 时，影响系数为 -0.426，但令人遗憾的是并不显著；当社会保障和就业支出分权介于 0.112 和 0.348 时，影响系数为 -0.107 且显著，效果最好；而当社会保障和就业支出分权大于 0.348 时，影响系数变为 -0.047，对收入差距的调节作用开始下降。

根据不同门槛值大小区间及对城乡居民收入差距的影响大小，将 31 个省份分为分权偏低、分权适中、分权偏高三组。具体划分如下：

表 6 - 6　　　　　　　　　　依据门槛值大小的分组结果

类型	指标分组	地区
民生支出分权	fdple < 0.281	北京、福建、广东、内蒙古、浙江、辽宁、上海、江苏、山东、河南、湖北、吉林、黑龙江、安徽、江西、广西、湖南、四川、重庆、陕西、贵州、海南、云南、西藏
	0.281 < fdple ≤ 0.568	天津、河北、甘肃、青海、宁夏、山西、新疆
	fdple > 0.568	
教育支出分权	fdedu < 0.568	浙江、江苏、福建、山东、河南、广东、吉林、内蒙古、黑龙江、辽宁、湖北、安徽、江西、湖南、四川、广西、贵州、海南、重庆、云南
	0.568 ≤ fdedu < 0.627	北京、天津、上海、河北、甘肃、山西、陕西、宁夏、青海、新疆、西藏
	fdedu > 0.627	
社会保障和就业支出分权	fdsoc < 0.112	山东、河南、内蒙古、辽宁、湖北、江西、湖南、四川
	0.112 ≤ fdsoc < 0.348	广东、广西、吉林、贵州、海南、重庆、安徽、西藏、北京、天津、浙江、上海、云南、江苏、福建、陕西、黑龙江、甘肃、青海、宁夏、新疆
	fdsoc > 0.348	河北、山西

注：由于篇幅的限制，只列出了 2015 年各门槛区间内各省份的分布情况。

从表 6 - 6 可以看出 2015 年我国有 24 个省份的民生支出分权程度相对较低，仅有 7 个省份的民生支出分权处于相对适中的区间。教育支出分权相对偏低的省份有 20 个，有 11 个省份的教育支出分权处于相对适中的区间。社会保障和就业支出分权相对的较低的地区有 8 个，大都集中于中部地区；分权适中的地区有 21

个，大都是东部和西部地区；分权相对较高的地区有两个分别是河北和山西。从分组结果来看，我国大部分地区民生财政支出及其内部支出事项的分权程度相对偏低，仍然有较大的提高空间。

本 章 小 结

本章采用 2002～2015 年我国 31 个省份的面板数据，运用动态面板模型和门槛回归模型实证分析了我国民生财政支出分权以及内部三种支出事项分权对我国城乡居民收入差距的影响。得出了以下结论：

第一，在动态面板数据模型实证分析中，民生财政支出分权在整体上有利于缩小收入差距。其中，教育支出分权的作用并不显著，医疗支出分权、社会保障和就业支出分权的影响系数显著为负，调节收入差距效果较为明显。

第二，从控制变量来看，地区经济发展水平并不能显著地缩小城乡居民收入差距，国有企业占比的提高扩大了城乡居民收入差距，转移支付、城镇化水平、对外开放程度都能起到缩小城乡居民收入差距的作用。

第三，根据面板门槛模型估计结果来看：①当民生支出分权小于 0.281 时，其对收入差距的作用效果并不显著；当民生支出分权大于 0.568 时，反而扩大了城乡居民收入差距；只有当民生支出分权介于 0.281～0.568 时，才能起到缩小城乡居民收入差距的作用。②当教育支出分权小于 0.568 或大于 0.627 时，作用效果并不显著；只有当教育支出分权介于 0.568～0.627 时，缩小收入差距效果最明显。③当社会保障和就业支出分权小于 0.112 时，对收入差距的调节作用并不显著；当社会保障和就业支出分权介于 0.112～0.348 时，影响系数为 -0.107，对收入差距的调节效果最好；而当社会保障和就业支出分权大于 0.348 时，影响系数变为 -0.047，对收入差距的调节作用开始下降。④医疗卫生支出分权不存在门槛效应。

第七章

缩小城乡居民收入差距、优化民生财政支出的政策建议

第一节 适度扩大民生财政投入规模

一、加大民生领域投入，扩大民生财政支出规模

第四章实证分析表明不管是从全国层面还是省级地方政府层面，扩大民生财政支出规模都有助于缩小城乡居民收入差距。因此我国应进一步加大民生领域的投入，提高民生财政支出规模，并适当向农村地区倾斜，实现基本公共服务城乡全覆盖，改善人民群众尤其是乡村居民的物质生活，缩小城乡居民收入差距。近年来，一方面，随着我国经济进入新常态，经济增速有所放缓，同时伴随着国内一系列减税降费政策的出台，使我国财政收入增速下滑，进入了低速增长的通道。另一方面，财政支出方面受积极财政政策的影响，支出规模呈逐渐上涨的趋势。因此，在财政收支差额拉大的背景下，按照供给侧改革的要求，进一步降低"三公"经费等行政性支出，将新增财力以及调整出来的存量资金，优先用于民生投入，加大对民生保障的支持力度，扩大全社会的有效需求。

二、扩大民生财政支出，提高民生财政资金使用效率

2016 年，我国与老百姓生活息息相关的教育、医疗卫生、社会保障和就业等民生财政支出的比例达到了将近40％，与经济发达国家民生支出占到财政支

出 50% 左右的比例相比，我国仍然有一定的差距。我国人口基数大，人均收入水平不高，地区间发展不平衡不充分，民生财政支出应充分考虑我国的基本国情、扩大支出的同时，应对其进行科学预算，提高资金使用效率，实现民生财政支出与经济协调发展，推进并实现保民生和稳增长的双重目标。

第二节　优化民生财政支出结构

一、完善教育支出制度，促进教育公平

第五章的实证结果表明教育支出占比的提高可以缩小城乡居民收入差距，且不同地区教育支出对城乡居民收入差距的作用大小也不尽相同。因此完善教育支出制度是缩小我国城乡居民收入差距的一个重要手段。

教育公平是当今我国民众热切关注的一个话题。教育也被认为是经济增长的基础，教育支出本身体现着公平的内涵，它以平等资助的方式来寻求缩小人们之间生产力差异的方法，其对缩小收入差距，实现社会公平可产生直接和深远的影响。改革开放以来，我国教育事业取得了长远的发展，全面普及了九年义务教育，逐步建立了覆盖义务教育、高中教育和高等教育的学生资助体系。近年来我国教育支出一直呈增长的态势，教育支出所占比例相对较高，2017 年我国教育支出规模达到 2.94 万亿元，占全国财政支出的 15% 左右，也是最大的支出，然而由于历史和现实等原因，我国依然存在教育基础设施落后，人均教育经费支出相对较低，教育支出结构不合理以及教育不公平现象。因此，进一步完善教育支出制度，需要从以下几个方面着手：

一是加大政府教育经费的财政性投入，建立和健全有关保障教育支出和教育发展的法律法规，为教育的长期发展提供持续的法律保障。二是根据教育投资存在周期长、规模大、外溢性显著等特点，仅仅靠各级政府财政支出来提供教育公共产品，显然无法满足社会的需求，因此需要制定一系列优惠政策，吸引社会资本投资参与，同时也要大力倡导社会资本捐资办教育的良好社会风气，从多渠道募集教育经费。三是优化教育财政支出结构，提高教育资金的使用效率。通过增加农村以及偏远落后地区基础教育投入力度，以及设立专项的教育转移支付制度来促进教育资源的公平分布，缩小城乡之间、地区之间的教育发展差异。同时增加和落实国家有关资助经济困难家庭学生的资助政策体系，促进教育的公平。在

教育经费支出上进一步降低教育行政事业性经费支出，根据国家发展情况，增加职业教育和人才培养的投入力度，培养出更多的职业技术型人才。

二、健全医疗保障管理制度，加大基层医疗改革力度

由于医疗保障制度关系民众最基本的生存健康权利，因此医疗卫生制度一直是全国人民关注的焦点，深化医疗制度改革也是推进健康中国建设的关键点。随着我国新型工业化和城镇化的推进，经济发展迈入新常态，人民对健康的需求日益增长，同时人口老龄化问题、生态环境污染问题、食品安全问题的出现，都对医疗卫生公共服务提出了更高的要求。第五章的实证分析表明，从全国层面来看，医疗卫生支出比例的上升，有助于缩小我国城乡居民收入差距；而从地区来看，医疗卫生支出系数为负，有助于缩小西部地区的城乡居民收入差距。当前我国存在医疗卫生资源不足、结构不合理、分布不均衡、供给主体相对单一、基层服务能力薄弱等问题突出，因此本书建议：第一，要加大医疗卫生支出规模，尤其是要加大农村医疗卫生支出，实现医疗卫生支出的农村偏向，解决当前农村居民最担心的"一人患病全家致贫"现象；第二，鉴于"看病难、看病贵、看病烦"的现状，应该加大对基层医务人员的培养力度，提高基层医务人员的执业能力，提升基层医疗卫生服务能力，增进患者对基层医务人员的信任程度，逐渐达到少花钱、少跑路、看好病的状态；第三，优化医疗卫生支出结构，逐步降低行政事业医疗支出比重，同时拓展用于卫生支出的筹资渠道，探索各种可行的筹资方式，通过政策优惠、贴息、资金配套等措施引导其他主体资金投入医疗卫生行业，形成资金使用的整体合力；第四，建立高效运行的全民医疗保障制度。首先，通过完善缴费参保政策，厘清政府、单位、个人缴费责任，建立基本医保稳定可持续多渠道筹资和报销比例调整机制；其次，深化医保支付方式改革，降低项目付费占比，根据不同疾病、不同服务特点，实施多元复合式医保支付方式；最后，健全重大疾病保障机制，推动商业健康保险发展，来实现城乡居民大病保险支付的精准性①。

三、完善社会保障支出制度，加快全民覆盖的社会保障体系建设进程

第五章的实证结果表明，从全国层面看社会保障和就业支出并没有像预期

---

① 详见《国务院关于印发"十三五"深化医药卫生体制改革规划的通知》。

的那样缩小城乡居民收入差距，这可能是由于地区之间差异较大，且政策存在"城市偏向"。从省级数据来看，社会保障和就业支出能够有效缩小城乡居民收入差距。因此进一步建立健全社会保障体系，是缩小我国城乡居民收入差距的一个关键途径。

近年来我国社会保障事业取得了长足的发展，在"广覆盖、保基本、多层次、可持续"建设方针下，已建立一套完整的社会保障体系。然而也还存在社会保障发展不均衡，覆盖面不够广，主要制度不完善等问题，因此未来应该从以下几个方面着手：

一是提高社会保障投入力度，扩大社会保障覆盖面。建立一套涵盖疾病、贫穷、年老、失业以及突发事件等保障居民基本生活的制度安排，并积极鼓励中小企业主、自由职业者、农民工等未参保群体积极参保，逐渐消除地区经济发展和管理体制上的不均衡，实现社会福利的无差别待遇。二是建立保障性约束机制，规范社会保障资金的收缴形式和比例，形成规范化的制度要素安排，建立具有法律强制效力的制度运行机制，加强对保障资金收缴的硬性约束[①]。三是大力发展多层次的社会保障体系，合理确定各级政府、用人单位和个人的社保权利、义务和责任，充分调动各方力量，壮大社会保障资金。四是提高城乡居民最低生活保障标准，尤其是提高农村居民养老保险和新农合补贴标准，完善社会救助、慈善事业、社会福利、优抚安置等制度、兜住民生底线，提升基本民生保障水平。五是要加大对社会保障资金的法制监督和建设，强化对各级主体行为的引导和约束力，同时推动社会保障资金投资运营，在保证社会保障资金安全前提下保值增值。

第三节　健全财政体制

一、进一步明晰中央与地方事权与支出责任的统一

应进一步规范中央与地方政府在基本公共服务方面的支出责任，明确各级政府职责，避免出现职责重叠和混乱，甚至相互干扰的情况。对属于中央政府事权的项目均不应该要求地方承担支出责任，在规范行政管理体制的前提下，下放一些事权到地方行政部门，并相应地下放财政权力，杜绝"体内损失体外补"的变

---

① 邵学峰，张在茂. 中国经济发展中的财政分权体制改革研究［M］. 北京：社会科学文献版社，2013：213－214.

相扩大地方政府财政收入的不规范行为,缓解由于事权下放而财权上收导致的"倒逼机制"的现象发生①。针对当前基层财政收入少支出压力大的现状,结合第六章民生财政支出分权对城乡居民收入差距影响的结论,应该将教育、医疗卫生、社会保障和就业支出等民生性财政支出事项划分给地方政府,同时加大对地方政府的财政支付力度,以提高民生服务的供给和均等化水平,实现民生服务的公平性。

二、合理划分财权,规范地方政府的非税收入

为了优化地方财政激励结构,激励地方政府发展本地经济,应进一步完善分享与共享并存的机制。适度给与地方政府所应具备的财权,增加地方政府收入,满足地方支出需求。首先,在税收分配方面,根据税种的属性和功能,将消费税、个人所得税、关税等收入波动较大、具有较强再分配作用、税基分布不均衡且流动性较大的税种,提高中央分享的比例,或是划分为中央税由中央独享;而对于企业所得税以及一些小规模的地方性税种由于存在地方性特点较为浓厚、地方掌握信息比较充分、税基相对稳定对本地区资源配置影响较大等特点,则可以考虑划分给省级或以下地方政府,或是提高地方政府分享比例。其次,在对现行行政体制进行调整的前提下,一方面增加县级财政收入固定渠道和收入来源,另一方面规范地方政府的非税收入,实现地方政府税收的合理分配。再次,针对有些地区存在过多优惠政策,以及一些地方政府采用税收返还或其他"土"政策侵蚀税基、制造税收洼地,影响了公平竞争的现象,应该进一步加以清理和规范。最后,针对有条件的地方政府可以根据自身情况试行债券自发自还,通过向社会公开"家底",健全追责机制和信用评级制度等来规范地方政府举债行为。

三、改革和完善转移支付制度

第六章实证结果表明转移支付(tran)能起到缩小城乡居民收入差距的作用。因此改革和完善转移支付制度,理顺中央和地方政府之间的财政分配关系对缩小城乡居民收入差距起到至关重要的作用。首先,在完善转移支付制度设计中,逐步以因素法替代基数法,应该综合考虑人口规模、人均GDP、自然条件、教育水平在内的多种因素,逐渐提高人口规模、人均GDP等客观因素的比例,

---

① 邵学峰,张在茂. 中国经济发展中的财政分权体制改革研究 [M]. 北京:社会科学文献出版社,2013:208 – 209.

完善计算公式，准确地确定各级政府应享有的转移支付数额，不断提高转移支付的客观公正性①。其次，逐步扩大一般性转移支付的比例，优化转移支付结构。通过扩大一般性转移支付比例将使地方政府具有更多的财力自由分配权来履行其民生支出责任，提高财政资金使用效率，同时以"零增长或有所压减"的原则整合专项转移支付项目，严格控制新设专项，引导新增项目转变为农村倾向，提高农村居民的民生福祉。最后，建立健全转移支付资金使用绩效评价及监督约束机制，逐步实现财政资金使用的公开透明性和科学性。

第四节　完善相关配套机制

一、建立以民生为导向的政府考核机制

过去我国一直是以 GDP 作为地方政府和企业领导的政绩考核标准，"唯 GDP 增长"观念扭曲了地方政府对资源的配置，在有限的任期和政绩压力下，各级地方政府选择把有限的资源投入经济效益强、见效快的生产性领域，而对于投资周期长、见效慢的教育、医疗卫生和社会保障等民生领域并不重视。因此，未来应该建立一套以提供民生服务质量效果为评价标准的激励机制，约束地方政府部门的政绩冲动行为。同时对那些不顾地方民生发展、偏离地方实际情况，不作为、乱作为，盲目干预造成恶劣后果的官员，实行终身责任追究制。

二、强化政府民生支出的约束机制

在目前我国现行的法规中，对各级政府民生支出责任和支出方式的规定过于笼统，缺乏明确的标准和内容，可操作性差，加之各种法规政策之间还有交叉矛盾的现象，很难对地方政府的民生支出行为形成有效监督和约束，导致民生支出具有很大的随意性，使用效率不高。因此未来我国需要从以下几个方面来对民生财政进行约束和规范：首先，要加强预算法对民生支出进行预算编制，通过建立起一套完整的预算组织，在编制预算的过程中将民生支出内容具体化，规范民生财政支出的范围；其次，在预算执行过程中，引入信息化管理，同时建立民生财

---

① 蔡翔，雷根强. 财政支出、税收制度与我国收入分配差距［M］. 北京：中国财政经济出版社，2017：180－181.

政绩效评价机制，强化行政主体责任意识和道德约束；最后，进一步提高政府民生支出信息公开程度，建立民众评价制度。

三、加快推进新型城镇化建设

推进新型城镇化建设是今后一段时期内经济工作的核心。第六章实证部分证实城镇化提高有助于缩小城乡居民收入差距，因此推进新型城镇化建设要做到：首先，牢固树立"以人为本"的发展理念，通过户籍制度改革，实现农民工及随迁家属均等享受公共服务，加快农业人口转移进程；其次，推进产业结构优化升级，调整城镇空间发展格局，通过就地或就近城镇化提高农村居民的收入水平；最后，加快现代农业发展，通过新型工业化和农业化相融合，挖掘更多农村富余劳动力，增加农民收入①。

---

① 罗吉，陈端春. 关于推进新型城镇化战略缩小城乡居民收入差距的思考 [J]. 西华师范大学学报（哲学社会科学版），2014（5）：13 – 18.

参 考 文 献

[1] 安体富, 蒋震. 影响我国收入分配不公平的若干产权制度问题研究 [J]. 财贸经济, 2012 (4): 14 – 23.

[2] 白洁. 中央政府与地方政府在中国贸易政策中的博弈分析 [J]. 山东社会科学, 2013 (4): 138 – 142.

[3] 白素霞, 陈井安. 收入来源视角下我国城乡收入差距研究 [J]. 社会科学研究, 2013 (1): 27 – 31.

[4] 白雪梅. 教育与收入不平等: 中国的经验研究 [J]. 管理世界, 2004 (6): 53 – 58.

[5] 白重恩, 钱震杰. 谁在挤占居民的收入——中国国民收入分配格局分析 [J]. 中国经济学, 2009: 136 – 168.

[6] 蔡昉. 城乡收入差距与制度变革的临界点 [J]. 中国社会科学, 2003 (5): 16 – 25, 205.

[7] 蔡昉. 农村剩余劳动力流动的制度性障碍分析——解释流动与差距同时扩大的悖论 [J]. 经济学动态, 2005 (1).

[8] 蔡昉, 杨涛. 城乡收入差距的政治经济学 [J]. 中国社会科学, 2000 (4): 11 – 22, 204.

[9] 蔡翔, 雷根强. 财政支出、税收制度与我国收入分配差距 [M]. 北京: 中国财政经济出版社, 2017.

[10] 陈斌开, 林毅夫. 发展战略、城市化与中国城乡收入差距 [J]. 中国社会科学, 2013 (4): 81 – 102, 206.

[11] 陈斌开, 林毅夫. 重工业优先发展战略、城市化和城乡工资差距 [J]. 南开经济研究, 2010 (1): 3 – 18.

[12] 陈斌开, 张鹏飞, 杨汝岱. 政府教育投入、人力资本投资与中国城乡收入差距 [J]. 管理世界, 2010 (1): 36 – 43.

[13] 陈工, 何鹏飞. 民生财政支出分权与中国城乡收入差距 [J]. 财贸研究, 2016 (2): 95 – 103.

[14] 陈工,洪礼阳. 财政分权对城乡收入差距的影响研究——基于省级面板数据的分析 [J]. 财政研究, 2012 (8): 45 – 49.

[15] 陈抗, Arye L. Hillman, 顾清扬. 财政集权与地方政府行为变化——从援助之手到攫取之手 [J]. 经济学 (季刊), 2002 (4): 111 – 130.

[16] 陈丽华,许云霄,辛奕. 城市化进程中以财政制度创新缩小城乡收入差距 [J]. 财政研究, 2012 (1): 50 – 53.

[17] 陈强. 高级计量经济学及 Stata 应用 [M]. 北京: 高等教育出版社, 2014.

[18] 陈硕. 分税制改革、地方财政自主权与公共品供给 [J]. 经济学 (季刊), 2010, 9 (4): 1427 – 1446.

[19] 陈宗胜. 关于收入差别倒 U 曲线及两极分化研究中的几个方法问题 [J]. 中国社会科学, 2002 (5): 78 – 82, 205.

[20] 程开明. 从城市偏向到城乡统筹发展——城市偏向政策影响城乡差距的 Panel Data 证据 [J]. 经济学家, 2008 (3): 28 – 36.

[21] 程开明,李金昌. 城市偏向、城市化与城乡收入差距的作用机制及动态分析 [J]. 数量经济技术经济研究, 2007 (7): 116 – 125.

[22] 程宇丹,龚六堂. 财政分权下的政府债务与经济增长 [J]. 世界经济, 2015, 38 (11): 3 – 28.

[23] 迟诚. 城市偏向型经济政策对城乡收入差距的影响 [J]. 城市问题, 2015 (8): 61 – 66.

[24] 迟诚,马万里. 财政分权对城乡收入差距的影响机理与传导机制 [J]. 经济与管理研究, 2015, 36 (9): 19 – 27.

[25] 迟诚. 政府间转移支付对城乡收入差距影响的实证研究 [D]. 济南: 山东大学, 2016.

[26] 丛树海. 基于调整和改善国民收入分配格局的政府收支研究 [J]. 财贸经济, 2012 (6): 15 – 20.

[27] 丛树海. 收入分配与财政支出结构 [M]. 北京: 人民出版社, 2014.

[28] 邓金钱,何爱平,张娜. 地方财政支出结构、城镇化与城乡收入差距——基于中国省际面板 VAR 的再检验 [J]. 软科学, 2016, 30 (5): 26 – 30.

[29] 丁焕峰,刘心怡. 城镇化背景下城乡收入差距的时空演化 [J]. 经济地理, 2017, 37 (4): 32 – 41.

[30] 丁菊红,邓可斌. 政府偏好、公共品供给与转型中的财政分权 [J]. 经济研究, 2008 (7): 78 – 89.

[31] 丁志国，赵宣凯，赵晶. 直接影响与空间溢出效应：我国城市化进程对城乡收入差距的影响路径识别 [J]. 数量经济技术经济研究，2011，28（9）：118－130.

[32] 董黎明，满清龙. 地方财政支出对城乡收入差距的影响效应研究 [J]. 财政研究，2017（8）：43－55.

[33] 付文林，沈坤荣. 均等化转移支付与地方财政支出结构 [J]. 经济研究，2012，47（5）：45－57.

[34] 傅道忠. 中国财政政策的民生取向研究 [M]. 南昌：江西人民出版社，2011.

[35] 傅强，朱浩. 中央政府主导下的地方政府竞争机制——解释中国经济增长的制度视角 [J]. 公共管理学报，2013，10（1）：19－30，138.

[36] 傅勇. 分权治理与地方政府合意性：新政治经济学能告诉我们什么？ [J]. 经济社会体制比较，2010（4）：13－22.

[37] 傅勇，张晏. 中国式分权与财政支出结构偏向：为增长而竞争的代价 [J]. 管理世界，2007（3）：4－12，22.

[38] 高韵，罗有贤. 城乡人力资本存量与经济增长的动态效应分析 [J]. 西北人口，2008（5）：55－58，63.

[39] 龚刚，杨光. 论工资性收入占国民收入比例的演变 [J]. 管理世界，2010（5）：45－55，187－188.

[40] 顾明远，刘复兴. 建设惠及全民的公平教育 [J]. 求是，2011（19）：59－61.

[41] 官永彬. 城乡要素积累、政策偏好与收入差距的动态关系 [J]. 财经科学，2010（11）：78－85.

[42] 郭继强. 人力资本投资的结构分析 [J]. 经济学（季刊），2005（2）：689－706.

[43] 郭剑雄. 人力资本、生育率与城乡收入差距的收敛 [J]. 中国社会科学，2005（3）：27－37，205.

[44] 何晓星. 再论中国地方政府主导型市场经济 [J]. 中国工业经济，2005（1）：31－38.

[45] 贺建风，刘建平. 城市化，对外开放与城乡收入差距——基于 VAR 模型的实证分析 [J]. 技术经济与管理研究，2010（4）：16－19.

[46] 贺俊，吴照奖. 财政分权、经济增长与城乡收入差距——基于省际面板数据的分析 [J]. 当代财经，2013（5）：27－38.

［47］洪源，王群群，秦玉奇．城乡二元经济结构下民生财政对城乡居民收入差距的影响［J］．经济与管理研究，2016，37（1）：22-30．

［48］洪源，杨司键，秦玉奇．民生财政能否有效缩小城乡居民收入差距？［J］．数量经济技术经济研究，2014，31（7）：3-20．

［49］胡宝娣，刘伟，刘新．社会保障支出对城乡居民收入差距影响的实证分析——来自中国的经验证据（1978~2008）［J］．江西财经大学学报，2011（2）：49-54．

［50］胡绍雨．我国民生保障指标体系的构建与评价［M］．北京：知识产权出版社，2015．

［51］胡宗义，李鹏．农村正规与非正规金融对城乡收入差距影响的空间计量分析——基于我国31省市面板数据的实证分析［J］．当代经济科学，2013，35（2）：71-78，126-127．

［52］黄乾，魏下海．中国劳动收入比重下降的宏观经济效应——基于省级面板数据的实证分析［J］．财贸经济，2010（4）：121-137．

［53］黄先海，徐圣．中国劳动收入比重下降成因分析——基于劳动节约型技术进步的视角［J］．经济研究，2009，44（7）：34-44．

［54］黄燕东，姚先国．中国行业收入不平等问题的解析［J］．当代财经，2012（2）：24-32．

［55］贾俊雪，郭庆旺．政府间财政收支责任安排的地区经济增长效应［J］．经济研究，2008（6）：37-49．

［56］贾康．财政体制改革与收入分配结构调整［J］．上海国资，2010（12）：12．

［57］贾康，梁季，张立承．"民生财政"论析［J］．中共中央党校学报，2011，15（2）：5-13．

［58］贾晓俊，岳希明．我国不同形式转移支付财力均等化效应研究［J］．经济理论与经济管理，2015（1）：44-54．

［59］姜永华，鲍曙光．论民生财政［J］．财政研究，2014（6）：18-21．

［60］靳卫东．农民的收入差距与人力资本投资研究［J］．南开经济研究，2007（1）：81-92．

［61］靳卫东．我国收入差距的成因与演变——基于人力资本视角的分析［M］．北京：人民出版社，2011．

［62］匡远凤．我国人力资本地区分布差异及其变化考探——基于不平等指数的度量与分解视角［J］．人口与经济，2011（6）：49-56．

[63] 赖文燕. 要素市场配置与我国城乡居民收入差距研究 [J]. 当代财经, 2012 (5): 17-25.

[64] 赖小琼, 黄智淋. 财政分权、通货膨胀与城乡收入差距关系研究 [J]. 厦门大学学报 (哲学社会科学版), 2011 (1): 22-29.

[65] 雷根强, 蔡翔. 初次分配扭曲、财政支出城市偏向与城乡收入差距——来自中国省级面板数据的经验证据 [J]. 数量经济技术经济研究, 2012, 29 (3): 76-89.

[66] 李俊青, 韩其恒. 教育、金融市场和中国居民的收入不平等 [J]. 世界经济, 2011, 34 (9): 42-65.

[67] 李俊生, 乔宝云, 刘乐峥. 明晰政府间事权划分 构建现代化政府治理体系 [J]. 中央财经大学学报, 2014 (3): 3-10.

[68] 李亮. 产业结构、二元经济结构变迁对城乡收入差距的影响研究 [J]. 统计与决策, 2014 (18): 103-106.

[69] 李鹏. 挤出还是促进——地方财政分权、市场化与低保救助水平差异 [J]. 北京社会科学, 2017 (3): 111-118.

[70] 李齐云, 迟诚. 城乡收入差距的总体分解及地区差异——基于收入来源的视角 [J]. 经济体制改革, 2015 (6): 47-54.

[71] 李群峰. 技能偏向型技术进步、教育投入与收入不平等——基于全国数据的实证研究 [J]. 软科学, 2015, 29 (6): 33-36.

[72] 李实, 罗楚亮. 中国城乡居民收入差距的重新估计 [J]. 北京大学学报 (哲学社会科学版), 2007 (2): 111-120.

[73] 李宪印. 城市化、经济增长与城乡收入差距 [J]. 农业技术经济, 2011 (8): 50-57.

[74] 李一花, 李静, 张芳洁. 公共品供给与城乡人口流动——基于285个城市的计量检验 [J]. 财贸研究, 2017, 28 (5): 55-66.

[75] 李一花, 李齐云. 县级财政分权指标构建与 "省直管县" 财政改革影响测度 [J]. 经济社会体制比较, 2014 (6): 148-159.

[76] 李子联. 中国的收入不平等与经济增长 [M]. 北京: 经济科学出版社, 2013.

[77] 刘成奎, 王朝才. 财政支出结构与社会公平的实证分析 [J]. 财政研究, 2008 (2): 15-18.

[78] 刘冲, 乔坤元, 周黎安. 行政分权与财政分权的不同效应: 来自中国县域的经验证据 [J]. 世界经济, 2014, 37 (10): 123-144.

[79] 刘佳, 吴建南. 财政分权、转移支付与土地财政: 基于中国地市级面板数据的实证研究 [J]. 经济社会体制比较, 2015 (3): 34-43.

[80] 刘吕吉, 张凤. 基于福利性财政支出的城乡收入差距研究 [J]. 首都经济贸易大学学报, 2015, 17 (6): 12-21.

[81] 刘穷志. 公共支出归宿: 中国政府公共服务落实到贫困人口手中了吗? [J]. 管理世界, 2007 (4): 60-67.

[82] 刘锐君. 中国城乡收入差距成因的模型解释 [J]. 统计与决策, 2011 (16): 104-106.

[83] 刘润芳. 人力资本的居民收入分配效应研究 [D]. 西安: 西北大学, 2012.

[84] 刘尚希. 论民生财政 [J]. 财政研究, 2008 (8): 2-10.

[85] 刘伟. 公共支出对城乡收入差距影响的实证研究 [M]. 北京: 中国社会科学出版社, 2016.

[86] 刘一伟. 社会保障支出对居民多维贫困的影响及其机制分析 [J]. 中央财经大学学报, 2017 (7): 7-18.

[87] 刘卓珺. 中国式财政分权与经济社会的非均衡发展 [J]. 中央财经大学学报, 2009 (12): 6-10.

[88] 卢洪友. 统筹城乡公共品供给问题研究 [M]. 北京: 科学出版社, 2010.

[89] 陆铭, 陈钊. 城市化、城市倾向的经济政策与城乡收入差距 [J]. 经济研究, 2004 (6): 50-58.

[90] 吕冰洋, 郭庆旺. 中国要素收入分配的测算 [J]. 经济研究, 2012, 47 (10): 27-40.

[91] 罗长远, 张军. 劳动收入占比下降的经济学解释——基于中国省级面板数据的分析 [J]. 管理世界, 2009 (5): 25-35.

[92] 罗楚亮, 李实. 人力资本、行业特征与收入差距——基于第一次全国经济普查资料的经验研究 [J]. 管理世界, 2007 (10): 19-30, 171.

[93] 马光荣, 杨恩艳. 中国式分权、城市倾向的经济政策与城乡收入差距 [J]. 制度经济学研究, 2010 (1): 10-24.

[94] 马万里. 财政分权对收入分配的影响机理与传导机制——兼论调节中国收入差距的对策选择 [J]. 华中科技大学学报 (社会科学版), 2013, 27 (2): 90-97.

[95] 马万里, 李齐云, 张晓雯. 收入分配差距的财政分权因素: 一个分析

框架 [J]. 经济学家, 2013 (4): 13 – 23.

[96] 马万里. 中国式财政分权、政府教育支出偏向与城乡收入差距——理论及实证 [M]. 北京: 经济科学出版社, 2015.

[97] 马万里. 中国收入分配差距的新政治经济学分析——基于分权框架下政治激励与财政激励假说 [J]. 经济与管理研究, 2013 (3): 19 – 28.

[98] 莫亚琳, 张志超. 城市化进程、公共财政支出与社会收入分配——基于城乡二元结构模型与面板数据计量的分析 [J]. 数量经济技术经济研究, 2011, 28 (3): 79 – 89.

[99] 穆月英, 崔燕, 曾玉珍. 我国城乡居民收入差距成因和收敛趋势分析 [J]. 经济问题, 2010 (7): 84 – 87.

[100] 倪志良, 陈永立, 殷金朋. 财政分权、收入差距与国民幸福感——基于 CGSS2010 数据的经验研究 [J]. 经济经纬, 2016, 33 (4): 127 – 132.

[101] 聂海峰, 刘怡. 城镇居民的间接税负担: 基于投入产出表的估算 [J]. 经济研究, 2010, 45 (7): 31 – 42.

[102] 彭定贇, 王玲玲. 论再分配对收入差距的调节 [J]. 财会月刊, 2017 (14): 111 – 118.

[103] 乔宝云, 刘乐峥, 尹训东, 等. 地方政府激励制度的比较分析 [J]. 经济研究, 2014, 49 (10): 102 – 110.

[104] 任太增. 城市偏向制度及其对城乡收入差距的影响 [J]. 江西社会科学, 2008 (5): 72 – 77.

[105] 宋剑, 李志伟, 李志红, 等. 构建新常态下居民收入合理增长机制 [J]. 宏观经济管理, 2017 (4): 66 – 69.

[106] 苏素, 宋云河. 中国城乡收入差距问题研究 [J]. 经济问题探索, 2011 (5): 1 – 7.

[107] 孙春雷. 民生财政的研究综述 [J]. 首都经济贸易大学学报, 2014, 16 (4): 117 – 123.

[108] 孙文杰, 薛幸. 财政支出、空间溢出效应与城乡收入差距演变 [J]. 当代经济科学, 2016, 38 (2): 69 – 78, 126.

[109] 孙永强. 金融发展、城市化与城乡居民收入差距研究 [J]. 金融研究, 2012 (4): 98 – 109.

[110] 孙永强, 万玉琳. 金融发展、对外开放与城乡居民收入差距——基于 1978 ~ 2008 年省际面板数据的实证分析 [J]. 金融研究, 2011 (1): 28 – 39.

[111] 孙永强, 巫和懋. 出口结构、城市化与城乡居民收入差距 [J]. 世

界经济，2012，35（9）：105 – 120.

[112] 谭之博，周黎安，赵岳. 省管县改革、财政分权与民生——基于"倍差法"的估计 [J]. 经济学（季刊），2015，14（3）：1093 – 1114.

[113] 汤凤林，雷鹏飞. 收入差距、居民幸福感与公共支出政策——来自中国社会综合调查的经验分析 [J]. 经济学动态，2014（4）：41 – 55.

[114] 田新民，王少国，杨永恒. 城乡收入差距变动及其对经济效率的影响 [J]. 经济研究，2009，44（7）：107 – 118.

[115] 汪伟全. 地方政府竞争中的机会主义行为之研究——基于博弈分析的视角 [J]. 经济体制改革，2007（3）：141 – 145.

[116] 王美昌，高云虹. 中国城乡贫困变动：2004 ~ 2012 [J]. 中国人口·资源与环境，2017，27（4）：49 – 57.

[117] 王建康，谷国锋，姚丽. 城市化进程、空间溢出效应与城乡收入差距——基于 2002 ~ 2012 年省级面板数据 [J]. 财经研究，2015，41（5）：55 – 66.

[118] 王少国. 我国城乡收入差别对居民总收入差别的影响 [J]. 财经科学，2007（1）：75 – 80.

[119] 王胜华. 公共投入、人力资本与居民收入——来自省级面板数据的证据 [J]. 中南财经政法大学学报，2017（4）：68 – 160.

[120] 王小鲁，樊纲. 中国收入差距的走势和影响因素分析 [J]. 经济研究，2005（10）：24 – 36.

[121] 王延中，龙玉其，江翠萍，等. 中国社会保障收入再分配效应研究——以社会保险为例 [J]. 经济研究，2016，51（2）：4 – 41.

[122] 王永钦，戴芸，包特. 财政分权下的地方政府债券设计：不同发行方式与最优信息准确度 [J]. 经济研究，2015，50（11）：65 – 78.

[123] 魏浩，赵春明. 对外贸易对我国城乡收入差距影响的实证分析 [J]. 财贸经济，2012（1）：78 – 86.

[124] 温娇秀. 我国城乡教育不平等与收入差距扩大的动态研究 [J]. 当代经济科学，2007（5）：40 – 125.

[125] 吴昌南，张云. 我国城乡一体化缩小了城乡收入差距吗？——基于省级面板数据的实证研究 [J]. 江西财经大学学报，2017（2）：85 – 93.

[126] 兀晶，卢海霞. 城镇化、城市偏向对城乡收入差距的影响——基于中国 28 个省级面板数据的实证研究 [J]. 经济问题，2015（9）：29 – 38.

[127] 肖向东，罗能生. 我国城乡居民收入差距的省际差异及其影响因素——基于面板数据的空间计量分析 [J]. 湖南大学学报（社会科学版），

2015, 29 (1)：68 – 74.

[128] 解垩. 财政分权、公共品供给与城乡收入差距 [J]. 经济经纬, 2007 (1)：27 – 30.

[129] 谢勇. 人力资本与收入不平等的代际间传递 [J]. 上海财经大学学报, 2006 (2)：49 – 56.

[130] 邢春冰. 农民工与城镇职工的收入差距 [J]. 管理世界, 2008 (5)：55 – 64.

[131] 许海平, 傅国华. 城乡收入差距与财政分权的空间计量研究 [J]. 经济与管理研究, 2013 (6)：27 – 37.

[132] 阎坤, 陈昌盛. 财政分权中的再分配问题 [J]. 财贸经济, 2001 (8)：43 – 48.

[133] 杨灿明, 孙群力. 中国居民收入差距与不平等的分解——基于 2010 年问卷调查数据的分析 [J]. 财贸经济, 2011 (11)：51 – 56.

[134] 杨风寿, 沈默. 社会保障水平与城乡收入差距的关系研究 [J]. 宏观经济研究, 2016 (5)：61 – 72.

[135] 杨建芳, 龚六堂, 张庆华. 人力资本形成及其对经济增长的影响——一个包含教育和健康投入的内生增长模型及其检验 [J]. 管理世界, 2006 (5)：10 – 18, 34, 171.

[136] 杨俊, 黄潇, 李晓羽. 教育不平等与收入分配差距：中国的实证分析 [J]. 管理世界, 2008 (1)：38 – 187.

[137] 尹虹潘, 刘姝伶. 中国总体基尼系数的变化趋势——基于 2000 ~ 2009 年数据的全国人口细分算法 [J]. 中国人口科学, 2011 (4)：11 – 111.

[138] 余长林. 财政分权、公共品供给与中国城乡收入差距 [J]. 中国经济问题, 2011 (5)：36 – 45.

[139] 余长林. 人力资本投资结构与经济增长——基于包含教育资本、健康资本的内生增长模型理论研究 [J]. 财经研究, 2006 (10)：102 – 112.

[140] 曾国安, 胡晶晶. 论中国城市偏向的财政制度与城乡居民收入差距 [J]. 财政研究, 2009 (2)：36 – 39.

[141] 曾小彬, 刘凌娟. 城乡居民收入差距影响因素及其作用的再分析——基于"一连串事件"逻辑阐述的实证分析 [J]. 财经研究, 2008, 34 (12)：118 – 128.

[142] 张继良, 徐荣华, 关冰, 等. 城乡收入差距变动趋势及影响因素——江苏样本分析 [J]. 中国农村经济, 2009 (12)：32 – 43.

[143] 张克中，冯俊诚，鲁元平. 财政分权有利于贫困减少吗？——来自分税制改革后的省际证据 [J]. 数量经济技术经济研究，2010，27（12）：3-15.

[144] 张启良，刘晓红，程敏. 我国城乡收入差距持续扩大的模型解释 [J]. 统计研究，2010，27（12）：51-56.

[145] 张伟，陶士贵. 人力资本与城乡收入差距的实证分析与改善的路径选择 [J]. 中国经济问题，2014（1）：70-80.

[146] 张晏，龚六堂. 分税制改革、财政分权与中国经济增长 [J]. 经济学（季刊），2005（4）：75-108.

[147] 张义博，刘文忻. 人口流动、财政支出结构与城乡收入差距 [J]. 中国农村经济，2012（1）：16-30.

[148] 张原，陈建奇. 人力资本还是行业特征：中国行业间工资回报差异的成因分析 [J]. 世界经济，2008（5）：68-80.

[149] 郑明亮. 城乡居民收入差距收敛模型及仿真研究——基于效率和公平的视角 [M]. 北京：中国社会科学出版社，2015.

[150] 周少甫，亓寿伟，卢忠宝. 地区差异、城市化与城乡收入差距 [J]. 中国人口. 资源与环境，2010，20（8）：115-120.

[151] 朱高林，邢立维. 新常态下我国居民收入分配格局的新变化 [J]. 上海经济研究，2016（11）：20-30.

[152] 朱德云，董迎迎. 财政支出结构对城乡居民收入差距影响的效应分析——基于包含虚拟变量的省级面板数据的实证分析 [J]. 经济与管理评论，2015，31（3）：125-130.

[153] Adelmen I, Sunding D. Economic policy and income distribution in China [J]. Journal of Comparative Economics, 1987（9）.

[154] Akai N, Sakata M. Fiscal decentralization contributes to economic growth: evidence from state-level cross-section data for the United States [J]. Journal of Urban Economics, 2002, 52（1）：93-108.

[155] Alesina A, Rodrik D. Distributive politics and economic growth [J]. Quarterly Journal of Economics, 1994, 109（2）.

[156] Bardhan P, Mookherjee D. Decentralizing antipoverty program delivery in developing countries [J]. Journal of Public Economics, 2003, 89（4）：675-704.

[157] Barro R. Government spending in a simple model of endogenous growth [J]. Journal of Political Economy, 1990, 98（5）.

［158］ Becker G S. Education and the distribution of earning ［J］. American Economic Review, 1966 (56).

［159］ Becker G S. Investment in human capital: a theoretical analysis ［J］. Journal of Political Economy, 1962, 70 (5).

［160］ Benabou R. Inequality and growth ［J］. NBER Macroeconomics Annual, 1996 (11).

［161］ Blanchard O, Shleifer A. Federalism with and without political centralization: China versus Russia ［J］. IMF Staff Papers, 2001 (48).

［162］ Cai H, Treisman D. Did government decentralization cause China's economic miracle? ［J］. World Politics, 2006, 58 (4).

［163］ Cai H, Treisman D. Does competition for capital discipline governments? decentralization, globalization, and public policy ［J］. The American Economic Review, 2005, 95 (3).

［164］ Chen J, Hou W, Jin S. The Chinese gini coefficient and its decomposition ［J］. The 16th Annual Conference on Pbfeam, Brisbane, Australia, 2008: 2 – 4.

［165］ Davoodi H, Zou H. Fiscal decentralization and economic growth: a cross-country study ［J］. Journal of Urban Economics, 1998, 43 (2).

［166］ De Haan J, Sturm J E. Finance and income inequality: a review and new evidence ［J］. European Journal of Political Economy, 2017, 50: 171 – 195.

［167］ Dutt, K A. Income inequality, the wage share, and economic growth ［J］. Review of Keynesian Economics, 2017, 5 (2): 170 – 195.

［168］ Eastwood R, Lipton M. Rural and urban income inequality and poverty: does convergence between sectors offset divergence within them? ［J］. Inequality, growth, and poverty in an era of liberalization and globalization, 2004: 112 – 141.

［169］ Hao R, Wei Z. Fundamental causes of inland-coastal income inequality in post-reform China ［J］. The Annals of Regional Science, 2010, 45 (1): 181 – 206.

［170］ Inman R P. Transfers and bailouts: enforcing local fiscal discipline with lessons from US federalism ［J］. Fiscal Decentralization and the Challenge of Hard Budget Constraints, 2003, 35: 48 – 49.

［171］ Inman R R, Rubinfeld D L. Rethinking federalism ［J］. Journal of Economic Perspectives, 1997, 11 (4).

［172］ Jiang Y T, Shi X J, Zhang S M, et al. The threshold effect of high-level human capital investment on China's urban-rural income gap [J]. EN, 2011, 3 (3): 297 - 320.

[173] Jutting J, Donnell C K M. Decentralization and poverty in developing countries: exploring the impact [J]. OECD Development Center Working Paper, 2004: 236.

[174] Kaldor N. A model of economic growth [J]. Economic Journal, 1957, 67 (268).

[175] Kappeler A, Valila T. Fiscal federalism and the composition of public investment in Europe [J]. European Journal of Political Economy, 2008, 24 (3): 562 - 570.

[176] Kelly M. Inequality and crime [J]. The Review of Economics and Statistics, 2002, 82 (4).

[177] Khan A R, Carl R. China's household income and its distribution: 1995 and 2002 [J]. China Quarterly, Jun, 2005.

[178] Khan A R, Carl R. Income and inequality in China [J]. China Quarterly, June, 1998.

[179] Knight J, Lina S. The determinants of urban income inequality in China [J]. Oxford Bulletin of Economics and Statistics, 1991, 53 (2): 123 - 154.

[180] Knight J, Song L. Increasing urban wage inequality in China [J]. Economics of Transition, 2003, 11 (4): 597 - 619.

[181] Lawrence F, Katz D H. Changes in the wage structure and earnings inequality [J]. Handbook of Labor Economics, 1999, 3: 1463 - 1555.

[182] Lewis W A. Economic development with unlimited supplies of labor [J]. The Manchester School, 1954, 22 (4).

[183] Li S, Luo C L. Re-estimating the income gap between urban and rural households in China [J]. Procedia - Social and Behavioral Sciences, 2010, 2 (5): 7151 - 7163.

[184] Liu G P, Gu J, Chen L W, et al. The relationship between land finance, urban-rural income gap and housing price-evidence from China [J]. Real Estate Finance (Aspen Publishers Inc.), 2017, 33 (3): 136 - 141.

[185] Lucas R E. on the mechanics of economic development [J]. Journal of Monetary Economics, 1988, 22 (1).

[186] Mancur O. The principle of "fiscal equivalence": the division of responsi-

bilities among different levels of government [J]. American Economic Review, 1969, 59 (2)

[187] Mankiw N. Gregory, David Romer, David Weil. A contribution to the empirics of economic growth [J]. Quarterly Journal of Economics, 1992, 107 (2).

[188] Marin A, Psacharopoulous G. Schooling and income distribution [J]. Review of Economics & Statistics, 1976, 58 (3).

[189] Mincer J. Investment in human capital and personal income distribution [J]. Journal of Political Economy, 1958, 66 (4).

[190] Montinola G, Qian Y, Weingast B R. Federalism, Chinese style: the political basis for economic success in China [J]. World Politics, 1995 (48).

[191] Ortega D, Rodriguez F. Are capital shares higher in poor countries? evidence from industrial surveys [J]. Working Paper, 2006.

[192] Paredes D, Iturra V, Lufin M. A spatial decomposition of income inequality in Chile [J]. Regional Studies, 2016, 50 (5): 771 –789.

[193] Pranab B. Decentralization of governance and development [J]. Journal of Economic Perspectives, 2000 (16).

[194] Qian Y, Roland G. Federalism and the soft budget constraint [J]. American Economic Review, 1998, 88 (5).

[195] Ricardo M S. Inequality in China revisited. the effect of functional distribution of income on urban top incomes, the urban-rural gap and the Gini index, 1978—2015 [J]. China Economic Review, 2017: 101 –117.

[196] Richard M B. Threading the fiscal labyrinth: some issues in fiscal decentralization [J]. National Tax Journal, 1993, 46 (2).

[197] Roth B, Hahn E, Frank M. Spinath. Income inequality, life satisfaction, and economic worries [J]. Social Psychological and Personality Science, 2017, 8 (2): 133 –141.

[198] Shorrocks A, Wan G. Spatial decomposition of inequality [J]. Journal of Economic Geography, 2005, 5: 59 –81.

[199] Sicular T, Yue X M, Gustafsson. The urban-rural income gap and inequality in China [J]. Review of Income and Wealth, 2007, 53 (1): 93 –126.

[200] Simon K. Economic growth and income inequality [J]. American Economic Review, 1954, 45 (1).

[201] Su C W, Liu T Y, Chang H L, et al. Is urbanization narrowing the ur-

ban-rural income gap? a cross-regional study of China [J]. Habitat International, 2015, 48: 79 – 86.

[202] Todaro M P. Altruism and beyond: an economic analysis of transfers and exchanges within families and groups. by Oded Stark [J]. Population Studies, 1997, 38 (50): 426 – 426.

[203] Weingast B R. The economic role of political institutions: market-preserving federalism and economic development [J]. Journal of Law, Economics, & Organization, 1995: 1 – 31.

[204] Wildasin D E. Fiscal competition in space and time [J]. Journal of Public Economics, 2003, 87 (11): 2571 – 2588.

[205] Zambrana R E. Income and wealth gaps, inequitable public policies, and the tentacles of racism [J]. Am J Public Health, 2017, 107 (10): 1531 – 1532.

[206] Zhou Z L, Yu F, Zhou Z Y, et al. Assessing income-related health inequality and horizontal inequity in China [J]. Social Indicators Research, 2017, 132 (1): 241 – 256.

[207] Zou X F, Jiang X Q. A study on the factors influencing the income gap between urban and rural areas based on state-space model [J]. Asian Agricultural Research, 2014, 6 (9): 1 – 6.